CLV

C. H. Spurgeon

Die herzliche Barmherzigkeit

Die Weihnachtsbotschaft

CLV

Christliche Literatur-Verbreitung e. V.
Postfach 11 01 35 · 33661 Bielefeld

Wenn nicht anders vermerkt, sind die Bibelzitate
der Elberfelder Übersetzung 2003,
Edition CSV Hückeswagen, entnommen.
Weitere verwendete Übersetzungen:
Luther 1984 und revidierte Elberfelder Übersetzung.
Die kursiven Hervorhebungen in den Bibelzitaten
sind jeweils hinzugefügt worden.

1. Auflage 2014 (CLV)

(überarbeiteter Text des früher im
Oncken Verlag Wuppertal und Kassel erschienenen Buches)

Christliche Literatur-Verbreitung
Postfach 11 01 35 · 33661 Bielefeld
Internet: www.clv.de

Übersetzung: Albert Hoefs
Umschlag: typtop, Andreas Fett, Meinerzhagen
Satz: CLV
Druck und Bindung: GGP Media GmbH, Pößneck

Bestell-Nr. 256.324
ISBN 978-3-86699-324-2

Inhalt

»Siehe, ich verkündige euch große Freude,
die für das ganze Volk sein wird;
denn euch ist heute … ein Erretter geboren,
welcher ist Christus, der Herr.«

Lukas 2,10-11

Das Lob der Engel

Herrlichkeit sei Gott in der Höhe

Den ersten Worten des Lobes, das die Engel hier anstimmen, können wir entnehmen, dass es Gottes höchster Ruhm ist, eine ewige Versöhnung erdacht zu haben. Unser Heil ist seine größte Tat.

Natürlich, ihn preist auch jeder Tautropfen, der am Grashalm glitzert. Jedes Gänseblümchen am Weg, das vielleicht verblüht, ohne dass sich je ein Mensch bewundernd darüber neigte, erhöht seinen Namen. Jeder Vogel auf dem Ast und jedes Lamm auf der Wiese kündet von seinen Wundern. Preisen nicht auch die stummen Fische im Meer unseren Gott? Vom kleinsten Stichling bis zu den riesigen Walen loben und erheben doch alle Lebewesen im Wasser seinen großen Namen! Preisen ihn nicht alle geschaffenen Wesen? Gibt es mit Ausnahme des gefallenen Menschen unter dem Himmel irgendein Wesen, das ihn nicht rühmt? Verkündigen nicht die Sterne seine Größe, wenn sie seinen Namen in goldenen Buchstaben in das tiefe Blau des Himmels schreiben? Und wenn die Blitze zucken und die mitternächtliche Dunkelheit erhellen, offenbaren sie dabei nicht seine Herrlichkeit? Tun nicht die Donnerschläge, die wie die Kesselpauken der göttlichen Heerscharen erdröhnen, seinen Namen kund? Ja, alles, was da lebt und webt, erhebt unseren Gott!

Aber versuche es nur, du großes wunderbares Weltall, halle wider vom Lob Gottes, bis deine letzte Kraft erschöpft ist; du wirst es nicht schaffen, das Lob zu ersinnen, das die Menschwerdung Gottes angemessen erhebt! Wenn alles, was Odem hat, eine große Jubelsymphonie anstimmen wollte, sodass die Erde erbebte und sich die mächtigen Akkorde zum Himmel erhöben, es wäre alles nur wie ein Stammeln gegenüber der Botschaft: »Gott [war] in Christus … die Welt mit sich selbst versöhnend« (2Kor 5,19). Bei der Geburt des Kindes in der Krippe tönt uns ein größerer Wohlklang entgegen als in dem gewaltigsten Oratorium der gesamten Schöpfung. Das Lob, das uns die Geburt des Kindes in Bethlehem ankündigt, ist erhabener als der erhabenste Klang der Stimmen, die von Ewigkeit zu Ewigkeit den Thron des Allerhöchsten umgeben.

Halt ein wenig inne, lieber Leser, und lass diese Wahrheit in dir wirken. Hier wird jede der göttlichen Eigenschaften besungen. Staune über die *Weisheit*! Der Ewige wird Mensch, damit er gerecht sein kann und dennoch zugleich den gerecht mache, der an Jesus glaubt. Und welche *Macht* offenbart sich hier! Denn wo ist eine so große Macht, die es fertigbringt, sich in der Schwachheit des Kindes in der Krippe zu verbergen! Welche Macht! Gott legt eine Zeit lang seine Majestät nieder und wird »den Menschen gleich … und der Gestalt nach wie ein Mensch befunden« (Phil 2,7; revidierte Elberfelder). Und welche *Liebe* offenbart sich in Jesus, der sich nicht schämt, uns »Brüder« zu nennen! Und welche *Treue*! Wie viele Verheißungen und Prophezeiungen werden an diesem Tag erfüllt! Wie viele Verpflichtungen sind jetzt eingelöst! Nenne mir eine Eigenschaft Gottes, von der du sagen könntest, sie sei in Christus nicht geoffenbart. In Christus »wohnt die ganze Fülle der Gottheit leibhaftig« (Kol 2,9). Und wenn auch einige Buchstaben des Namens Gottes in die Tafeln der sichtbaren Welt eingegraben sind, der ganze Name steht auf der Stirn dessen, der wahrer Mensch und wahrer Gott in einer Person war und ist.

Friede auf der Erde

»Herrlichkeit Gott in der Höhe!« Mit diesen alten Worten brachten die himmlischen Heerscharen schon vor Urzeiten ihr Lob dar. Sie schallten schon vor Grundlegung der Welt durch das Universum. Aber nun bekam ihr Lob einen ganz neuen Klang, denn sie konnten etwas Neues hinzufügen: »*… und Friede auf der Erde*«.

Dieser Friede ist etwas ganz anderes als der Friede im Garten Eden. Der Friede des Paradieses war ja fast selbstverständlich, dabei braucht man nicht lange zu verweilen. Ja, dort war mehr als Friede, dort thronte auch die Ehre Gottes. Aber das ist anders geworden. Der Mensch fiel, und seit der Zeit, da der Cherub mit dem gezückten, flammenden Schwert den Eingang bewacht, ist die Erde friedeleer. Eine Ausnahme bilden nur die Herzen der Gläubigen, aber auch sie haben nur Frieden und ein ruhiges Gewissen, weil sie an die Verheißung der Menschwerdung Jesu glauben.

Krieg und Kriegsgeschrei haben die Erde von einem Ende zum anderen durchpflügt und haben tiefe Furchen hinterlassen. Die Menschen haben einander abgeschlachtet. »Von außen Kämpfe, von innen Befürchtungen« (2Kor 7,5). Das böse Gewissen hat den Menschen nicht zur Ruhe kommen lassen, und Satan hat ihn mit sündigen Gedanken gefoltert. Nein, seit Adams Fall war der Friede von der Erde verschwunden.

Aber nun, nach dem Erscheinen des neugeborenen Königs der Juden, ist die Krippe der Ort, wo die Friedensverträge unterzeichnet werden. Nun verstummen die Gedanken, die uns verklagen; sie büßen ihre verdammende Kraft ein, und unser Gewissen vor Gott ist zur Ruhe gebracht. Darum lautet die Botschaft der Posaune des himmlischen Herolds: »Stecke dein Schwert in die Scheide, o Menschenkind! Stecke dein Schwert in die Scheide, du zartes Gewissen, denn Gott hat eine Möglichkeit gefunden, wie er den Menschen Frieden anbieten kann und wie die Menschen mit ihm in Frieden leben können!«

Das Evangelium der Gnade Gottes verheißt jedem Frieden, der ihn annehmen will. Wo sollte sonst auch Frieden gefunden werden, wenn nicht in der Botschaft von Christus? Und welch ein seliger Friede ist das! Er ist »wie ein Strom und [seine] Gerechtigkeit wie Meereswogen« (Jes 48,18). Es ist »der Friede Gottes, der allen Verstand übersteigt« und der unsere »Herzen und [unseren] Sinn bewahren [wird] in Christus Jesus« (Phil 4,7). Dieser heilige Friede zwischen der begnadigten Seele und ihrem Erbarmer, dieses wunderbare Einssein zwischen dem Sünder und seinem gerechten Richter ist es, was die Engel meinten, als sie das Lob anstimmten: »Friede auf der Erde!«

An den Menschen ein Wohlgefallen

Manche Leute ruhen sich auf dem Gedanken aus, Gott müsste ein großes Wohlgefallen an den Menschen haben, denn sonst hätte er ihnen die Welt nicht so behaglich und so bequem eingerichtet. Wer darauf sein Heil wagen will, mag es ja tun. Ich fürchte nur, er wird dann zu spät erkennen, dass er einer falschen Hoffnung erlegen ist. Aber dennoch gibt es Tausende und Abertausende, die es wissen, dass Gottes Wohlgefallen auf ihnen ruht. Und fragst du sie nach dem Grund ihrer Hoffnung, so können sie dir eine völlig befriedigende Antwort geben. Sie werden sagen: »Gott hat Wohlgefallen an den Menschen, denn er gab seinen Sohn für sie in den Tod.« Einen größeren Beweis der Liebe des Schöpfers zu seinen Geschöpfen kann es nicht geben, als wenn er seinen eingeborenen, viel geliebten Sohn dahingibt, damit er anstelle der Sünder stirbt.

Wenn auch die ersten Worte des Lobes der Engel auf Bethlehems Flur Gottes würdig sind und die mittleren Worte lauter Frieden atmen, so kann doch nichts mein Herz mehr erwärmen als die abschließenden Worte: »*... an den Menschen ein Wohlgefallen*«. Manche Leute scheinen zu meinen, Gott sei ein finsteres Wesen, das alle Menschenkinder hasse. Andere denken ihn sich in so weiter Ferne, dass er an allem, was auf Erden vorgeht, kein Interesse habe. Aber diese Engelsbotschaft versichert uns, dass Gott an den Menschen sein Wohlgefallen hat.

Was das Wort »Wohlgefallen« bedeutet, weißt du ja. Es sind die guten Gedanken, die Gott dir gegenüber hat, du Sohn Adams, du Tochter Evas. Armer Sünder, du hast sein Gesetz übertreten. Du hast Angst, seinem Gnadenthron zu nahen, denn du fürchtest, er könnte dich zerschmettern. Höre diese Botschaft und lass dich trösten: Gott hat Wohlgefallen an den Menschen – ja, ein so großes Wohlgefallen, dass er sagt und es mit einem Eid beschwört: »So wahr ich lebe, spricht der Herr, HERR, ich habe keinen Gefallen am Tod des Gottlosen, sondern dass der Gottlose von seinem Weg umkehre und lebe« (Hes 33,11). Sein Wohlgefallen ist sogar so groß, dass er sagt: »Kommt denn und lasst uns miteinander rechten, spricht der HERR. Wenn eure Sünden wie Scharlach sind, wie Schnee sollen sie weiß werden; wenn sie rot sind wie Karmesin, wie Wolle sollen sie werden« (Jes 1,18). Und wenn du zweifelnd fragst: »Herr, woran soll ich erkennen, dass du mit Wohlgefallen mir gegenüber erfüllt bist?«, so weist er dich auf die Krippe hin und sagt: »Sünder, wenn ich nicht Wohlgefallen an dir hätte, wie würde ich mich dann am Kreuz von meinem geliebten Sohn getrennt haben! Wenn ich nicht Wohlgefallen an allen Menschen hätte, würde ich doch niemals meinen Sohn dahingegeben haben, dass er einer von ihnen würde, um auf diese Weise so viele von ihnen zu retten, wie an ihn glauben wollen!«

Der du die Liebe Gottes zu sündigen Menschen bezweifelst, blicke auf zu der seligen Engelschar über Bethlehems Flur, sieh das Licht, das die Mitternacht erhellt, und lausche den wunderbaren Worten des Lobes. Und dann lass deine Zweifel schwinden und stimme in das Lob der Engel ein. Diese Lobesworte versichern uns, dass Gott Wohlgefallen an den Menschen hat, dass er bereit ist, zu vergeben, und dass er der Sünden und Ungerechtigkeiten nicht mehr gedenken will. Und wenn Satan dir zuflüstert: »Das mag schon stimmen, dass Gott Wohlgefallen an den Menschen hat, aber er darf seine Gerechtigkeit nicht verletzen; deshalb ist seine Gnade wirkungslos, und du musst trotzdem sterben«, so höre auf die ersten

Worte des Lobes: »Herrlichkeit Gott in der Höhe«, und antworte dem Satan und allen seinen Versuchungen: »Wenn Gott an dem bußfertigen Sünder Wohlgefallen hat, wohnt Friede in dessen Herzen und Gewissen. Doch nicht nur das, denn dann wird Gottes hochheiligem Namen auch Anbetung dargebracht. Dann erkennt man daran nicht nur, dass Gott gerecht ist, sondern auch, dass er ebenso den gerecht machen kann, der an Jesus Christus glaubt.«

Der Name Jesus

Von Gott gegeben

Der erste Engel, der den Hirten erschien, verkündigte ihnen die Botschaft: »Fürchtet euch nicht, denn siehe, ich verkündige euch große Freude, die für das ganze Volk sein wird; denn euch ist heute … ein Erretter geboren, welcher ist Christus, der Herr« (Lk 2,10-11). Das Wort »Erretter« erinnert uns an das, was der Engel zu Joseph sagte: »Fürchte dich nicht, Maria, deine Frau, zu dir zu nehmen; denn das in ihr Gezeugte ist von dem Heiligen Geist. Sie wird aber einen Sohn gebären, und du sollst seinen Namen Jesus nennen; denn er wird sein Volk erretten von ihren Sünden« (Mt 1,20-21).

Es ist nicht ganz ohne Bedeutung, auf den Zustand Josephs zu achten, in dem er sich befand, als er zum ersten Mal den Namen Jesus hörte. Der Engel sprach zu ihm »im Traum«. Der Name »Jesus« ist so sanft und so freundlich, dass er niemanden aufschreckt, sondern jedem Aufrichtigen zu ungestörtem Frieden verhilft, zu dem Frieden Gottes. Angesichts eines solchen Traums ist Josephs Schlaf von größerer Wichtigkeit als sein Wachen.

Der Name Jesus hat noch die gleiche Kraft, denn denen, die etwas von seiner Kostbarkeit wissen, enthüllt er eine größere Herrlichkeit, als der fantastischste Traum sie einem vorgaukeln könnte. Über diesen Namen sinnen Jünglinge und Männer nach. Er gewährt ihnen einen Blick in die Geheimnisse der Letzten Tage, in denen die Herrschaft Jesu im Tausendjährigen Reich vom Nordpol bis zum Südpol reichen wird und wo die Seinen bei ihm sein werden. Und über dieses Reich hinaus werden sie sich an der ewigen Gemeinschaft mit ihm freuen.

Der Name Jesus hatte bei seiner ersten Erwähnung eine tröstende Wirkung. Denn gleichzeitig hörte Joseph Worte, welche jede Verlegenheit und Angst verscheuchen mussten. Der Engel sagte zu ihm: »Fürchte dich nicht.« Und in der Tat: Kein Name ist so geeignet, die Furcht zu verscheuchen, wie der Name Jesus. Er ist der Anfang der Hoffnung und das Ende der Verzweiflung.

Nicht von ungefähr beginnt der Engel seine Botschaft an die Hirten in gleicher Weise: »Fürchtet euch nicht, denn siehe, ich verkündige euch große Freude.« Lass den Sünder nur einmal in aller Aufrichtigkeit hören von dem »Erretter … welcher ist Christus, der Herr«, und alsbald durchdringt ihn Lebenshoffnung, er schüttelt seine tödliche Gleichgültigkeit ab, er schaut nach oben, er erblickt den

Vater, der Versöhnung geschenkt hat, und lässt alle Furcht hinter sich.

Dieser Name Jesus erscheint umso kostbarer, je länger wir uns die unendliche Herrlichkeit dessen vorstellen, der diesen Namen trägt. Ja, hier ist der »Stab Jonathans« – jedes Mal voller Honig, wenn wir ihn nennen, sodass unsere Augen hell werden (vgl. 1Sam 14,27). Wir haben keinen Retter, wie ihn etwa die Hersteller von Dutzendwaren massenweise auf den Markt bringen könnten, nein, er ist ein Retter, wie Himmel und Erde keinen zweiten hervorbringen könnten.

Zu der Zeit, als dem Herrn Jesus dieser Name von Gott gegeben wurde, hatte ihn noch kein sterbliches Auge gesehen. Er war noch allen menschlichen Blicken verborgen. Aber bald sollte es geschehen, dass er durch die Kraft des Heiligen Geistes von der Jungfrau Maria geboren wurde – das fleckenlose heilige Kind Jesus kam zur Welt. Dieser Retter nahm unsere menschliche Gestalt, aber nicht unser Verderben an. Er wurde »den Menschen gleich« und wurde »der Gestalt nach wie ein Mensch befunden« (Phil 2,7; revidierte Elberfelder), aber in seinem Fleisch war keinerlei Raum für die Sünde: »… heilig, unschuldig, unbefleckt, abgesondert von den Sündern und höher als die Himmel geworden« (Hebr 7,26). Dieser

Heilige ist der Sohn Gottes, und zugleich ist er auch »der Sohn des Menschen«. Diese alle Erkenntnis übersteigende Herrlichkeit seines Wesens ist es, die seinen Namen so überaus kostbar macht.

Von den Menschen gepriesen

Den Namen »Jesus« hat Gott seinem Sohn gegeben, aber auch alle, die in Wahrheit an ihn glauben, würden keinen besseren Namen für ihn finden können, als Jesus (= Gott rettet). Und diesen Namen geben sie ihm mit überströmender Dankbarkeit, diesen Namen verkündigen sie, solange noch ein Atemzug in ihnen ist. Wenn er schon »Jesus« (d. h. Retter, Heiland, Seligmacher) war, als er noch in der Krippe lag, was ist er denn jetzt, da er zur Rechten Gottes erhöht ist? Zum *Immanuel* (Gott mit uns) machte ihn seine Menschwerdung, wie sollen wir ihn nun nennen, nachdem er der Menschwerdung die Versöhnung hat folgen lassen? Und der Versöhnung folgte die Auferstehung, und nach seiner Auferstehung kam die Himmelfahrt. Als Krone von allem verlieh ihm Gott seinen ewigen Mittlerdienst.

In welch hervorragendem Maße kommt ihm jetzt der Name Jesus (Heiland, Seligmacher) zu, da er imstande ist, die *Gottlosen* selig zu machen und sie vor seinem Vater zu vertreten, wenn der »Verkläger unserer Brüder« (Offb 12,10) sie Tag und Nacht vor Gott verklagt! Wenn er auf dem Schoß seiner Mutter der »Seligmacher« war, was soll er denn jetzt anderes sein, da er zur Rechten Gottes auf dessen Thron erhöht ist? Wenn der in Windeln gewickelte Jesus der »Heiland« ist, was ist er nun, da ihn die Himmel aufgenommen haben? Wenn er in der Werkstatt zu Nazareth und im Tempel zu den Füßen der Doktoren der Theologie »Jesus, der Seligmacher« war, warum sollten wir ihn nun anders nennen, da seine Kindheit vorüber ist und er erhöht wurde über alle Fürstentümer und Gewalten? Wenn er am Fluchholz »Jesus« war, um sich als Opfer für sein Volk darzubringen, was ist er nun, da er »mit einem Opfer … auf immerdar die vollkommen gemacht [hat], die geheiligt werden« (Hebr 10,14)? Sagt, was ist er jetzt, da er zur Rechten Gottes sitzt, bis alle Feinde zum Schemel seiner Füße gelegt werden?

Lasst uns, die wir ihn kennen, den einmütigen Entschluss fassen, ihn bei diesem teuren Namen zu nennen: *Jesus*. Hat er nicht gesagt, dass er die Gläubigen seine »Mutter«, seine »Schwestern« und seine »Brüder« nennen wolle (Mt 12,46ff.)?

Nun denn, in unserem Herzen und Mund heißt er »Jesus«.

»›Jesus-Nam'‹! Wer kann ergründen
Deine Tiefe, Deine Höh'!
Wer die Gnad' und Lieb' verkünden,
deren End' ich nirgend seh'!
Unausforschlich bleibet hier
Deines Namens Fülle mir.

›Jesus-Name‹! Ew'ge Quelle
alles Heils und aller Macht,
bist der Ruhort meiner Seele,
bist mein Licht in dunkler Nacht.
Deine Liebe, Treu' und Gnad'
leiten mich auf ödem Pfad.

›Jesus-Name‹! Lebenssonne,
Du des Vaters ew'ge Freud',
bist auch meine Lust und Wonne,
jetzt und bis in Ewigkeit.
Deine Strahlen, voll und frei,
machen auch die Schöpfung neu.«

Carl Brockhaus

Häufig und doch ohnegleichen

Der Name »Jesus« kam bei den Juden durchaus nicht selten vor. Josephus nennt nicht weniger als zwölf Männer, die diesen Namen trugen. Eine Errettung wurde von den Juden so heiß ersehnt, dass nicht wenige Väter ihren Söhnen diesen Namen gaben. Aber wenn sie auch ihre Neugeborenen »Gott rettet« nannten, so rettete Gott doch nicht durch sie. Sie waren keine Retter.

Solche, die dem Namen nach Retter sind, gehören auch heute nicht zu den Seltenheiten. »Siehe, hier ist ein Heilsbringer«, ruft der eine, und: »Siehe, hier ist ein Retter«, ruft der andere. Sie haben alle den Namen; aber die Kraft fehlt ihnen. Einzig und allein unser Herr Jesus Christus wird dem Anspruch dieses Namens gerecht. Der Engel sagte zu Joseph: »Du sollst seinen Namen Jesus nennen; denn *er* wird sein Volk erretten von ihren Sünden« (Mt 1,21).

Alle anderen sogenannten »Erretter« täuschen nur die Hoffnungen der Menschenkinder. Sie verheißen viel, aber sie betrügen noch mehr alle, die ihnen Vertrauen schenken. Aber dieses heilige Kind, dieser herrliche, gepriesene »Immanuel« (Gott mit uns) hat uns wahrhaftig Heil und Errettung gebracht. Er ruft uns nun zu: »Wendet euch zu mir und werdet gerettet, aller ihr Enden der Erde! Denn ich bin Gott und keiner sonst« (Jes 45,22). Dieser Jesus von Nazareth, der König aller Könige und der Herr aller Herren, ist in Wahrheit der einzige Heiland. Er – und er allein – wird sein Volk retten. Er und kein anderer wird es retten durch sein eigenes bitteres Leiden und Sterben. Es wird und kann ihm niemand bei der Rettung seines Volkes helfen. Er schickt auch keinen Stellvertreter. Nein, persönlich und in seinem eigenen Namen nimmt er die Verantwortung auf sich. Er selbst gibt sich für die Angehörigen seines Volkes in den Tod, um ihre Sünden zu sühnen.

Er wird das ganze Erlösungswerk ausrichten und nichts für einen anderen zu tun übrig lassen. Er wird es anfangen, fortführen und vollenden, und darum wurde er Jesus genannt, weil er sein Volk ganz, völlig und ewig von allen Sünden erretten sollte. Der Name »Jesus« wurde in früheren Zeiten manchem beigelegt, aber von nun an sollte ihn niemand tragen als nur das Lamm Gottes, das die Sünde der Welt wegnimmt (Joh 1,29). Nur in ihm ist Heil und Rettung zu finden.

Name und Werk decken sich

»Du sollst seinen Namen *Jesus* nennen; denn er wird sein Volk erretten von ihren Sünden.« Er wurde nicht wegen seines Vorbildcharakters Jesus genannt, obgleich er in der Tat der Inbegriff der höchsten Vollkommenheit ist und uns alle herzlich danach verlangen sollte, in seine Fußstapfen zu treten. Vielmehr wurde er Jesus genannt, weil er »gekommen [ist], zu suchen und zu erretten, was verloren ist« (Lk 19,10).

Er ist auch der Christus, d. h. der Gesalbte, aber dann ist er Christus Jesus, d. h. er ist zum Retter gesalbt. Wenn er nicht der Retter ist, dann ist er überhaupt nichts. Gerade zu diesem Zweck wurde er gesalbt. Sein Name wäre eine Täuschung, wenn er sein Volk nicht retten könnte von allen Sünden.

Es ist eine herrliche und doch stutzig machende Tatsache, dass es ausgerechnet die *Sünden* seines Volkes sind, die ihn mit seinen Leuten in Beziehung treten lassen. Welche erstaunliche Herablassung! Wenn er in Verbindung mit den Angehörigen seines Volkes genannt wird, heißt er Retter. Und er heißt darum Retter, weil er sie von ihren Sünden heilen soll. Hätten sie nie gesündigt, so wäre das Wort »Retter« auch nie ausgesprochen worden, und der Name Jesus wäre auf Erden unbekannt geblieben.

In Galater 1,4 heißt es: »… der sich selbst für unsere Sünden gegeben hat, damit er uns herausnehme aus der gegenwärtigen bösen Welt, nach dem Willen unseres Gottes und Vaters«. Es ist wahr, was Martin Luther sagte: »Er gab sich nicht für unsere Gerechtigkeit, sondern er gab sich selbst für unsere *Sünde*.« Die Sünde ist ein schreckliches Übel, ein tödliches Gift, und doch war es gerade die Sünde, um derentwillen Jesus seinen Namen erhielt. Wie wunderbar ist das! Das erste Glied, das mich an Jesus kettet, ist nicht meine Tugend, sondern meine Bosheit; nicht mein Verdienst, sondern mein Bankrott; nicht mein Stehen, sondern mein Fallen; nicht mein Reichtum, sondern meine Armut. Er kommt, um seine Leute zu besuchen, aber nicht, um ihre Schönheit zu bewundern, sondern um ihre Gebrechen zu heilen; nicht um ihre Tugend zu belohnen, sondern um ihre Sünden zu vergeben.

O ihr Sünder! Dabei denke ich nun an Menschen, die sich ihrer Sünden bewusst sind, nicht an solche, denen andere sagten, dass sie Sünder seien, und die nun selbst meinen, dass es auch wohl so sei. Ich denke an solche, die sich wirklich schuldig *vor Gott* fühlen: Ihr Sünder, hier ist eine frohe

Botschaft für euch! Ihr, die ihr mit euch selbst ins Gericht geht, die ihr spürt, dass, wenn ihr je Heil erlangen sollt, Jesus es euch bringen muss und dass er dabei ganz allein der Anfang und das Ende ist, ich bitte euch, freut euch über diesen wunderbaren, diesen herrlichen Namen, denn Jesus kam, um euch zu retten, ja *euch*! Geht zu ihm als Sünder, nennt ihn bei seinem Namen »Jesus« (Retter) und sagt zu ihm: »O Herr Jesus, sei mir ein Jesus, errette mich, denn ich brauche deine Erlösung.« Zweifle nicht, er wird zeigen, dass er seinen Namen zu Recht hat, und seine rettende Kraft an dir offenbaren. Bekenne ihm nur deine Sünden, so wird er dich von ihnen befreien. Glaube nur an ihn, und er ist dein Heil.

Was meinte Paulus, wenn er sagte, »dass Christus Jesus in die Welt gekommen ist, um Sünder zu erretten« (1Tim 1,15)? Zunächst meinte er damit, dass Jesus gekommen ist, *um sie von der Strafe der Sünde zu befreien*. Ihre Sünden sollen ihnen nun nicht mehr zur Last gelegt werden, sodass sie ihretwegen verdammt werden könnten. Sie müssen ihr Vertrauen auf den Retter setzen, der für sie und an ihrer statt gestraft wurde. Das ist der eine Grund, weshalb Jesus in die Welt kam.

Der zweite Grund besteht darin, *sie von der Befleckung der Sünde zu befreien*. Wenn auch ihr Herz noch so befleckt, ihr Denken und Wollen noch so verirrt, ihr Gewissen noch so verstockt war, Jesus kam, um all diese Übel abzuschaffen und ihnen ein zartes Gewissen, Hass gegen Sünde, Liebe zur Gerechtigkeit und Verlangen nach Reinheit zu geben. Es war in der Tat ein großes Werk, das er zu vollbringen hatte, aber Jesus kam, um – wenn es nötig gewesen wäre – noch mehr zu tun.

Er wollte auch *die vielfachen Neigungen zur Sünde wegnehmen,* die bösen Neigungen, die wir mit auf die Welt bringen und die sich in unserem Leben ausbreiten. Er kam, um sie durch seinen Geist auszurotten und um auch ihre feinsten Wurzeln zu zerstören. Er wollte uns eine ganz neue Natur geben, die den Kampf mit der alten sündigen Natur aufnimmt und sie besiegt, bis Christus allein regiert und wir jeden Gedanken gefangen nehmen unter den Gehorsam des Christus (vgl. 2Kor 10,5).

Dann kam Jesus auch, *um sein Volk bis ans Ende zu bewahren.* Er »[ist] in die Welt gekommen ... um Sünder zu erretten« im höchsten und tiefsten Sinne, indem er die Bekehrten im Glauben erhält, sodass sie nie wieder verlorengehen können. Dies ist ein sehr wichtiger Teil des Werkes der göttlichen Gnade. Jemandem helfen, auf den rechten Weg zu kommen, ist gut, aber es ist wenig im Vergleich zu dem anderen: ihm zu helfen, dass er bis an sein

Ende auf dem rechten Weg bleibt. Aber auch zu diesem Zweck ist Jesus in die Welt gekommen.

Jesus Christus kam in die Welt – nicht, um dich halb zu erretten. Er kam nicht, um dich nach dieser oder jener Richtung, in dieses oder jenes Licht der Erkenntnis zu bringen, sondern er kam, um dich von deinen Sünden zu retten, zum Beispiel von deinem aufbrausenden Temperament, von deinem Stolz, von deiner Neigung zu starken Getränken und zur bösen Lust sowie von allen anderen schlechten Dingen. Er kam, um dich vor dem Angesicht seiner Herrlichkeit »untadelig darzustellen … mit Frohlocken« (Jud 24). Es ist eine herrliche Wahrheit, »dass Christus Jesus in die Welt gekommen ist, um Sünder zu erretten«. Er kam in Bethlehems Krippe und später zum Kreuz auf Golgatha mit der ausdrücklich ausgesprochenen Absicht, Sünder zu retten. Ist er imstande zu retten? Ist er nicht gerade der Retter, den wir brauchen? Da er Gott und Mensch in einer Person ist, kann er dank seines Menschseins »Mitleid … haben« »mit unseren Schwachheiten« (Hebr 4,15), und dank seiner Gottheit kann er retten. Hochgelobter Gott und Mensch, Jesus Christus, du bist fähig und willig, alle Sünder zu retten, die zu dir kommen!

Die Menschwerdung Christi

Sie geschah zur rechten Zeit

Paulus schreibt in seinem Brief an die Galater (4,4-5): »*Als aber die Fülle der Zeit gekommen war,* sandte Gott seinen Sohn, geboren von einer Frau, geboren unter Gesetz, damit er die, die unter Gesetz waren, loskaufte, damit wir die Sohnschaft empfingen.« Das große Sammelbecken der Zeit musste erst durch die ununterbrochen hineinfließenden Jahrzehnte gefüllt werden, und als es bis an den Rand voll war, erschien Christus, der Sohn Gottes. Warum die Welt seit der Erschaffung des ersten Menschen einige tausend Jahre ohne ihn, der das eine große Licht ist, bleiben musste, und warum es so lange Zeit dauern musste, bis das Volk der Juden die Fülle der Zeit erreicht hatte, wissen wir nicht. Es wird uns nur so viel in schlichten Worten mitgeteilt, dass Jesus in die Welt kam, »als … die Fülle der Zeit gekommen war«. Unser Meister kam nicht vor seiner Zeit, er kam aber auch nicht nach seiner Zeit. Pünktlich zur festgesetzten Zeit stellte er sich ein und rief: »Siehe, ich komme!« (Hebr 10,7).

Wir wollen nicht in unheiliger Neugierde die Gründe zu erfahren suchen, warum Jesus ausgerechnet zu der Zeit kam, in der er kam, sondern wir wollen in ehrfurchtsvoller Zurückhaltung über diese große Tatsache nachdenken. Die Geburt Jesu ist das erhabenste Licht der Geschichte, die Sonne am Himmel aller Zeiten. Sie ist der Polarstern der menschlichen Bestimmung, der Angelpunkt der Zeitrechnung, der Schnittpunkt von Vergangenheit und Zukunft. Wieso geschah sie gerade zu dieser Zeit?

Die gewöhnliche Antwort lautet: Weil es so vorausgesagt worden war. Es gab in den Schriften des Alten Testamentes eine Menge von Stellen, die mit unmissverständlicher Klarheit den Ort, die Art und Weise und die Zeit angaben, wo, wie und wann der Held[1] (1Mo 49,10) kommen sollte, um das große Opfer für die Sünde zu bringen. Jesus kam genau zu der Stunde, die Gott vorherbestimmt hatte.

Der allwissende Herr aller Dinge setzt das Datum für das Eintreten jedes Ereignisses fest. Alle Zeit liegt in seiner Hand, dem »Zufall« ist nichts überlassen. Es gibt in seiner Hand weder

---

1 Anmerkung des Herausgebers: Vgl. Luther 1984 hinsichtlich der angegebenen Stelle.

lose Fäden noch Maschen, die er hat fallen lassen. Die große Uhr des Weltalls geht stets richtig, und die ganze Maschinerie der Vorsehung bewegt sich mit unfehlbarer Pünktlichkeit. Da war es ja nicht anders zu erwarten, als dass das größte aller Ereignisse zur besten und geeignetsten Zeit eintrat. Gott bestimmte, wann und wo es eintreten sollte, und dieser Wille ist für uns der höchste Grund.

Sie vertreibt die Furcht

Der Engel auf Bethlehems Flur sagte: »*Fürchtet euch nicht*, denn siehe, ich verkündige euch große Freude« (Lk 2,10). Aber was machte uns denn furchtsam? War es nicht, weil wir uns sagten, dass wir wegen unserer Sünden verlorengehen müssten? Nun, dann haben wir Ursache zu unaussprechlicher Freude, denn der Herr kam nicht allein, um unter uns als Mensch zu leben, sondern auch, um die Sünde zu tilgen, die uns von Gott schied.

Es ist mir, als müsste sich die Sorge meines Herzens über die vielen Sünder, die sich fern von Gott verirrt haben und ihr Leben leichtsinnig in gottvergessender Weise vergeuden, in einem Strom von Tränen Luft machen. Ich weiß, sie fürchten sich vor der Rückkehr; sie denken, der Herr würde sie nicht wieder annehmen, und für solche Sünder wie sie sei überhaupt keine Gnade mehr vorhanden. Aber Jesus Christus ist gekommen, »zu suchen und zu erretten, was verloren ist« (Lk 19,10). Wenn er nicht retten wollte, wurde er vergeblich Mensch, denn der Zweck seiner Menschwerdung war die Rettung der Sünder.

Armer, verlorener Sünder, wenn die Botschaft gelautet hätte, ein Engel sei gekommen, um dich zu retten, so wäre das gewiss ein Grund zu großer Freude, aber hier ist eine noch größere Botschaft: Gott selbst kam auf die Erde! Der Unendliche, der Allmächtige hat sich zur Erde niedergebeugt, um dich armen, verlassenen, vergessenen, elenden Wurm aufzuheben! Liegt darin nicht ein großer Trost für dich? Verscheucht nicht die Menschwerdung Christi die namenlose Furcht, die wie eine unheilvolle Gewitterwolke über deinem Haupt hängt?

Der Engel beschrieb den neugeborenen Retter als »*Christus*« (Lk 2,11). Damit betonte er sein Menschsein, denn als Mensch wurde er gesalbt. Aber ebenso nennt ihn der Engel »Christus, *der Herr*«. Damit deutet er auf seine Gottheit hin. Das ist der feste Grund, auf den wir unseren Fuß setzen. Jesus von Nazareth ist »wahrer Gott und wahrer Mensch«. Er, der in Bethlehems Krippe gelegt wurde, ist nun und immerdar »über allem … Gott, gepriesen in Ewigkeit« (Röm 9,5).

Wenn Jesus Christus nicht Gott ist, gibt es überhaupt kein Evangelium. Für mich hätte es wenig Reiz, wenn ich verkündigen müsste, dass ein großer Prophet geboren wurde. Große Propheten hat es vorher auch schon gegeben, aber die Welt wird nie aus dem Elend herausgehoben, wenn man ihr die Wahrheit bezeugt und weiter nichts geschieht. Wenn ihr mir aber sagt, dass Gott Mensch wurde, dass Gott selbst Menschengestalt angenommen hat, dass er geworden ist wie unsereiner, dann läuten die Glocken meines Herzens Freude, Glück und Seligkeit, denn nun kann ich zu Gott kommen, weil Gott zu mir kam.

Gott hat einen Botschafter zu uns gesandt, der nicht Furcht und Schrecken verbreitet. Er kam nicht mit Helm und Panzer, nicht mit Schwert und Schild, sondern wir sehen das weiße Friedensbanner sowohl in der Hand des Kindes wie auch in der Hand des Sterbenden und ebenso in der Hand dessen, der in die Herrlichkeit erhöht ist.

O Menschenkind! Gott kommt zu dir in Gestalt deines Fleisches. Du hast keine Ursache, bange zu sein, sondern du kannst ohne Scheu nahe an den freundlichen Jesus herantreten. Denke nicht, dass du zu einer Audienz bei ihm besonders vorbereitet werden müsstest oder dass du die Fürbitte eines Heiligen oder die Vermittlung eines Priesters oder Predigers brauchtest. Zu dem Kind in der Krippe hatte jedermann Zutritt. Ich glaube, dass die Ochsen von demselben Heu fraßen, auf dem er lag, und sich doch nicht fürchteten. Es hat sich manche geängstigte Seele durch die Angst vor der göttlichen Majestät von der Versöhnung zurückhalten lassen. Aber sieh doch, wie die Gottheit wunderbar in dieses Kind eingeschlossen ist, das wie jedes andere neugeborene Kind in Windeln gewickelt werden muss. Wer wollte sich fürchten, einem solchen Kind zu nahen!

Liebe Seele, wenn du vor sprachlosem Erstaunen nicht an das »gläserne Meer, mit Feuer gemischt« (Offb 15,2) treten kannst, wenn dir die göttliche Herrlichkeit wie ein verzehrendes Feuer erscheint und dich die heilige, erhabene Majestät des Himmels überwältigen will, dann tritt zu diesem Kind und sprich: »Hier ist wahrhaftig Gott gegenwärtig, aber hier kann ich ihm in der Person seines wunderbaren Sohnes begegnen, in dem die ganze Fülle Gottes wohnt.« Welch eine Segensfülle offenbart doch die Menschwerdung Christi! Die Allmacht steigt herab zur Ohnmacht, die unendliche Majestät kleidet sich in menschliche Schwachheit!

Die Hirten fanden das Jesuskind nicht in die feinste chinesische Seide gehüllt. Krone, Perlen, Edelsteine und menschlicher Komfort fehlten. Sie fanden es auch nicht in fürstlichen Häusern aus Marmor und Ebenholz, auch nicht bewacht von den Soldaten des kaiserlichen Heeres, noch umgeben von Vasallen; sondern sie sahen das kleine Kind einer Frau aus dem einfachen Volk. Ja, sie war wohl von königlicher Abstammung, aber ihr Familienstammbaum wies nur noch dürre, längst verarmte Zweige auf. Das heilige Kind war bekannt als der Sohn des Zimmermanns. Wenn du deinen Blick auf den bescheidenen Vater und die schlichte Mutter und auf das äußerst einfache Bett richtest, das sie in der Krippe hergerichtet hatten, aus der zuvor das Vieh sein Futter erhielt, so wirst du sagen müssen, dass hier tatsächlich die unendliche Herablassung Gottes greifbar vor unsere Augen tritt.

Freut euch, ihr Armen, denn euer Retter wurde in Armut geboren, seine Wiege war eine Krippe! Singt laut, ihr Leute mit den schwieligen Händen, euer Erretter wurde von einer einfachen Jungfrau geboren, und sein Pflegevater war ein Zimmermann. Ihr Unterdrückten und Verachteten, es ist derjenige geboren, der um unsertwillen arm wurde; ein Mann des Volkes ist auf den

Thron erhöht. Ihr aber, die ihr euch gern selbst als »Aristokratie der Menschheit« bezeichnet, seht hier den König der Könige, von heiliger Herkunft, und doch ist kein Raum für ihn in der Herberge. Ihr Menschenkinder alle, tretet herzu! Der Sohn Gottes ist Fleisch von eurem Fleisch und Gebein von eurem Gebein. Er wird in seinen Erdentagen tief in euren Kummer hineinblicken. Er wird hungern, wie ihr hungert, müde sein, wie ihr müde seid, sehr einfache Kleidung tragen wie ihr; ja, er wird noch größere Armut als ihr schmecken müssen, denn er wird nichts haben, wo er sein Haupt hinlegt. Himmel und Erde, jauchzt, dass Gott so ganz, so wahrhaftig Mensch geworden ist!

Jesus ist der Freund der Armen, der mit Sünden Beladenen, der Verachteten. Darum braucht ihr euch nicht vor ihm zu fürchten, denn er wurde in einem Stall geboren, eine Krippe war seine Wiege. Du hast keine ärmere Wohnung, als er sie hatte; du bist auch nicht ärmer, als er es war. Komm und begrüße denjenigen, der ärmer als die Ärmsten wurde und gerade diejenigen retten will, die nichts haben. Steh nicht von fern, weil du dich ungeschickt fühlst; die Hirten wechselten nicht erst ihre Garderobe, sondern kamen in der einfachen Kleidung, die sie gerade trugen. Gott sieht nicht die Haut, sondern das Herz an! Reich oder arm macht bei ihm wenig aus; wer nach dem Heil verlangt, der ist ihm angenehm.

Sie macht uns von Herzen froh

»Siehe, ich verkündige euch große Freude, die für das ganze Volk sein wird!«, rief der Engel den Hirten zu. Und in der Tat, diese Botschaft ruft immer noch große Freude hervor, wenn deren Worte recht beherzigt werden: *»Euch ist … ein Erretter geboren.«* So freue dich denn – du, der du deine Verlorenheit spürst, denn Jesus Christus, der Retter, kam, um dich zu suchen und zu erretten. Und wenn du spürst, dass du im Gefängnis der Sünde schmachtest, sei guten Mutes: Er kam, um dich zu befreien. Jubelt alle, die ihr spürt, dass ihr aussätzig, gefallen und verstoßen seid, denn euch ist der Retter geboren!

Aber auch ihr, die ihr durch Gottes Gnade zu einer lebendigen Hoffnung wiedergeboren seid, auch ihr dürft euch diesem heiligen Chor nicht verweigern. Denn Jesus ist nicht allein der Anfänger, sondern auch der *Vollender* eures Glaubens (Hebr 12,2). Er errettet euch aus ungezählten Gefahren und macht euch »fähig … zu dem Anteil am Erbe der Heiligen in dem Licht« (Kol 1,12).

Jesus ist kein teilweiser Erlöser, der ein Werk anfängt, ohne es zu vollenden. Er rettet und heiligt danach auch. Er stellt seine Gemeinde sich selbst verherrlicht dar, »die nicht Flecken oder Runzel oder etwas dergleichen habe, sondern … [die] heilig und untadelig sei« (Eph 5,27). Darum jauchze dem Herrn, alle Welt! Unsere Täler und Hügel sollten vom Lob dessen widerhallen, der Macht hat zu retten. Er ist unter uns geboren.

Ihren Anfang nahm diese Freude bei den Hirten, denn der Engel verkündigte ihnen: »Euch ist heute in der Stadt Davids ein Erretter geboren, welcher ist Christus der Herr.« Willst du diesen Ton aufnehmen und weitersingen? Es will nicht viel sagen, dass *ein* Retter geboren wurde und starb, aber wenn du sagen kannst: »*Mein* Retter wurde geboren, und er starb für mich!«, dann hast du Ursache zur Freude. Wir müssen ein ganz persönliches Interesse an der Geburt, dem Leben, Leiden und Sterben Christi haben, dann sinnen wir auch darüber nach, wie wir ihm ein *neues* Lied darbringen können.

»Aber ich gehöre zu den Armen«, sagst du. Die Hirten auch! Ja, ja, du Armer, für dich ist dieses geheimnisvolle Kind geboren. »Armen [wird] gute Botschaft … verkündigt« (Lk 4,18). »Er wird den Elenden des Volkes Recht verschaffen; er wird die

Kinder des Armen retten, und den Bedrücker wird er zertreten« (Ps 72,4).

»Aber ich bin doch so unbedeutend, mich kennt niemand«, wendet ein anderer ein. Ja, wer kannte denn die Namen der Hirten auf den Bergen um Bethlehem?! Du bist den Menschen unbekannt, aber Gott kennt dich und deine Verhältnisse. Er kannte dich, ehe du das Licht der Welt erblicktest. Darum gilt gerade dir die Botschaft: Dir ist heute der Retter geboren. Bei Gott gibt es kein Ansehen der Person (Röm 2,11). »Er hat Mächtige von Thronen hinabgestoßen und Niedrige erhöht« (Lk 1,52).

»Aber ich weiß so wenig.« Das mag richtig sein; aber die Hirten waren auch nicht aus dem Gelehrtenstand, und doch hinderte ihre Einfachheit sie nicht daran, hinzueilen und die Geschichte zu sehen, die sich zugetragen hatte. Danach nahmen sie den Retter gläubig auf und wurden fröhlich. Tue dasselbe. Nimm die Frohe Botschaft, dass Jesus wie unsereiner geworden ist, in einem einfältigen Herzen auf.

Ich habe keinen Retter aus dem Adelsstand zu rühmen, sondern einen Retter für allerlei Leute, einen Heiland aus dem ganz gewöhnlichen Volk, den Freund der Zöllner und Sünder. Jesus ist wirklich ein »Armer-Leute-Freund«. Wenn doch jeder Leser sagen könnte: »*Mir* ist der Retter geboren!«

Wenn ich aufrichtig glaube, dass Christus mein Retter ist, kann ich in dieser Annahme so gewiss sein, als wenn ein Engel vom Himmel mir persönlich erschienen wäre, um es mir zu sagen. Die Schrift sagt es, und ich glaube es und bin damit ein Teilhaber seiner ewigen Freude und Herrlichkeit.

Wer kann überhaupt noch über etwas staunen, wenn er einmal einen Blick in das Geheimnis der Krippe und des Kreuzes getan hat? Was bleibt noch an Wunderbarem übrig, wenn jemand den Retter schauen durfte? Etwa die sieben Weltwunder? Ach, die kannst du alle zusammen in einer Nussschale unterbringen, aber dieses *eine* Wunder kann überhaupt nicht mit irdischen Größen verglichen werden, es umfasst Himmel und Erde, und selbst die Hölle kann daran nichts ändern. Es ist nicht das Wunder der alten Zeit, sondern das Wunder aller Zeiten – ja, der Ewigkeiten. Wer menschliche Wunder einige Male sieht, hört bald auf zu staunen. Das großartigste Denkmal der Architektur fängt mit der Zeit an, den Betrachter zu langweilen. Bei dem herrlichen »Tempel der menschgewordenen Gottheit« ist das jedoch undenkbar. Je länger wir ihn sinnend betrachten, desto mehr erfüllt sich unser Herz mit staunender Anbetung, und je länger wir darüber staunen, desto mehr geht uns das Verständnis für seine alles überstrahlende Herrlichkeit an Liebe und Gnade auf. Der gestirnte Himmel über uns, die rauschende Tiefe unter uns, die hoch in den Himmel ragenden Berge, die fruchtbaren Täler, die Wohnplätze der Menschheit und die Abgründe des Todes machen einen tiefen Eindruck auf uns, aber was sind diese Eindrücke gegenüber der Herrlichkeit und Majestät Gottes, die wir in der Krippe und am Kreuz erblicken dürfen! So wollen wir uns denn in diese heiligen Wunder versenken, damit sie in uns Dankbarkeit, Anbetung, Liebe und Vertrauen erwecken und wir nichts Lieberes hören als Worte von dem anerkannt großen Geheimnis – Gott war in Christus (2Kor 5,19; vgl. 1Tim 3,16).

Immanuel

Gott naht uns voll Erbarmen

Der Evangelist Matthäus erzählt uns am Schluss seines ersten Kapitels, dass der Name des Erlösers auf Gottes Geheiß Jesus sein sollte, und dieser Name Jesus wird auch gleich übersetzt: »Denn er wird sein Volk erretten von ihren Sünden.« In diesem Zusammenhang nennt Matthäus dann noch einen anderen Namen, der die Bedeutung des Namens Jesus unterstreicht, nämlich: »Immanuel … was übersetzt ist: Gott mit uns«. Ja wirklich, er ist Jesus, der Retter, weil er der Immanuel, der »Gott mit uns« ist. Dadurch, dass er auf die Erde kam, überbrückte er einen Abgrund zwischen Gott und den Menschen, der sonst völlig unüberbrückbar war. Seine göttliche Natur verlieh seinen Leiden, die er als wahrer Mensch erduldete, eine Kraft und Bedeutung, durch die alle Mächte, die gegen uns waren, besiegt wurden, sodass uns nun Heil und ewiges Leben zugänglich sind. O Jesus, dein Name ist der teuerste und schönste aller Namen im Himmel und auf Erden, ich liebe den Wohlklang deines Namens umso mehr, als er dasselbe sagt wie Immanuel, »Gott mit uns«.

Unser Retter ist Gott, und daher ist er mächtig, wirklich zu erretten. Er ist »Gott mit uns«, und daher kann er Mitleid haben mit unseren Schwachheiten. Er ist Gott und daher unendlich weise. Er ist Mensch und daher voll Erbarmen. Lasst uns deshalb nie einen Augenblick an der Gottheit Jesu zweifeln, denn sie ist eine fundamentale Wahrheit unseres Glaubens. Es kann sein, dass wir es nie völlig verstehen, wie Gott und Mensch in einer Person vereint sein können, denn wer kann die Tiefen Gottes erforschen (vgl. 1Kor 2,9ff.)! Sie gehen weit über unser Fassungsvermögen hinaus. Unser Boot könnte umschlagen und uns in den Wellen begraben, wenn wir uns zu weit von der Küste der klaren Offenbarung der göttlichen Wahrheit auf das weite, unbegrenzte Meer dieser göttlichen Geheimnisse hinauswagen wollten.

Lasst es uns als Gegenstand des Glaubens festhalten, dass dieser Jesus, der in der Krippe in Bethlehems Stall in den Armen der Jungfrau lag und der am Fluchholz hing, um den Tod eines Übeltäters zu erleiden, trotzdem der Erbe aller Dinge ist (Hebr 1,2). Obwohl er die Ausstrahlung der Herrlichkeit seines Vaters und der Abdruck seines Wesens ist, hielt er es nicht für einen Raub, Gott gleich zu sein (Phil 2,6), denn alle diese Herrlichkeit gehörte ihm, sodass er sagen darf: »Ich und der Vater sind eins« (Joh 10,30).

Jesus von Nazareth war keinesfalls ein Engel. Dieses Thema wird von dem Schreiber des Hebräerbriefes im ersten Kapitel ausführlich behandelt. Es konnte kein Engel sein, denn ihm wurden Ehren zuteil, die niemals einem Engel zuteilgeworden sind, selbst dem herrlichsten nicht. Jesus war auch nicht eine untergeordnete Gottheit oder ein zur Gottheit erhobenes Geschöpf, wie einige törichterweise gesagt haben. Alle diese Vermutungen und Redereien sind abgeschmackt und verwerflich. Christus war so gewiss Gott, wie er es nur sein konnte, eins mit dem Vater und dem Heiligen Geist. Wenn es nicht so wäre, wäre nicht allein die große Kraft unserer Hoffnung dahin, sondern auch der herrliche Gedanke, dass Gott in Christus Menschengestalt annahm, würde sich in ein Nichts auflösen. Das Wesen der Menschwerdung bestand doch gerade darin, dass Gott *selbst* sich in das Gewand des menschlichen *Fleisches* hüllen wollte. Wenn er als ein anderes Wesen gekommen wäre, würde ich nichts Besonderes, nichts Beachtenswertes, nichts Tröstliches für uns darin sehen. Welche Bedeutung hätte es für mich gehabt, wenn sich ein Engel entschlossen hätte, Mensch zu werden? Das brächte mir keine Freude in mein Herz und öffnete mir keine Quelle des Trostes.

Aber »Gott mit uns« – das ist eine Quelle auserlesener Freude. Gott – der ewige, unendliche Gott – ist mit uns; ja, das ist ein Thema von glückseliger Harmonie und Tiefe. Wenn die Engel eine solche Botschaft bringen, haben sie ein Recht, die Nacht zum hellen Tag zu machen und den Hirten zu verkündigen: »Fürchtet euch nicht! … [Wir] verkündigen euch große Freude … Herrlichkeit Gott in der Höhe und Friede auf der Erde, an den Menschen ein Wohlgefallen.« Diese Botschaft ist die Offenbarungen und Weissagungen der Seher und Propheten wert, und außerdem verdient sie einen neuen Stern und die Sorgfalt, womit der Heilige Geist uns diese Nachricht aufzeichnete.

Ja, diese Botschaft ist die Leiden wert, welche die Apostel und Bekenner erduldet haben. Sie achteten ihr Leben nicht, sondern standen zu der Wahrheit: »Gott [war] in Christus … die Welt mit sich selbst versöhnend« (2Kor 5,19). Diese Botschaft verdient auch heute, mit heiliger Glut hinausgetragen zu werden – bis an der Welt Ende. Ist sie es nicht auch wert, dass wir sie durch ein gottgeweihtes Leben darstellen? Wie recht hat der Apostel, wenn er sagt: »Anerkannt groß ist das Geheimnis der Gottseligkeit: Er, der offenbart worden ist im Fleisch, ist gerechtfertigt im Geist, gesehen von den Engeln, gepredigt unter den Nationen, geglaubt in der Welt, aufgenommen in Herrlichkeit« (1Tim 3,16). Das Kind von Bethlehem ist »Gott mit uns«. *Gott* – darin liegt seine Größe; »*Gott mit uns*« offenbart seine Gnade. Gott allein, das könnte uns in Furcht versetzen; »Gott mit uns«, das erfüllt uns mit Hoffnung und Vertrauen.

Er lässt sich tief herab

Von unserem Immanuel sagt die Heilige Schrift: »Alles wurde durch dasselbe[2], und ohne dasselbe wurde auch nicht eins, das geworden ist« (Joh 1,3). Er war der Schöpfer aller sichtbaren Dinge. Er regierte im Himmel als wesensgleich mit dem Vater. Es bedeutete für die Engel Glückseligkeit, ihm Anbetung darzubringen; jeder Seraph war beglückt, wenn er von ihm einen Befehl erhielt; die himmlischen Heerscharen beteten zu seinen Füßen an. Es fehlte ihm nicht an himmlischen Wesen, die ihn lobten, noch fehlte es ihm an dienstbaren Geistern. Legionen von Engeln warteten auf seine Befehle.

2 Anmerkung des Herausgebers: D. h. durch das ewige Wort, das in Christus Fleisch geworden ist.

Aber nicht allein die himmlische Gewalt lag in seiner Hand, er war auch ein Herr aller irdischen Kräfte. Es gab nichts, was ihn noch hätte herrlicher machen können. Alle Dinge waren sein; außerdem hatte er die Macht, die irdischen Dinge zu vermehren, wenn er sie gebraucht hätte. Er konnte mit Recht sagen: »Wenn mich hungerte, ich würde es dir nicht sagen; denn mein ist der Erdkreis und seine Fülle« (Ps 50,12). Und dieser Gott, dieses ewige Wesen – er, der von Ewigkeit her bei dem Vater war, an dem der Vater unendliches Wohlgefallen hatte, dieser Gott sieht auf die Menschheit mit Augen der Liebe herab. Er, der in Bethlehems Krippe lag, der das Leben eines Handwerkers führte, der arbeitete und etwas herstellte, er war und ist eins mit Gott dem Vater.

Mit Recht kann Jesaja in seiner prophetischen Schau das »Kind«, das uns geboren wurde, und den »Sohn«, der uns gegeben wurde, mit hohen königlichen Titeln belegen: »… und die Herrschaft ruht auf seiner Schulter. Und man nennt seinen Namen: Wunderbarer, Berater, starker Gott, Vater der Ewigkeit, Friedefürst« (Jes 9,5). Lasst uns diese Wahrheit in der tiefsten Seele bewegen, dass es Gott selbst war, der vom Himmel herabstieg, um uns aus dem Verderben zu erretten. Es war kein geringeres Wesen, am allerwenigsten einer von uns Menschen. Er war »wahrer Gott vom wahren Gott«, der uns mit ewiger und unendlicher Liebe umfing. Wie oft habe ich diesen Gedanken in meinem Herzen bewegt, aber ich bin nie imstande gewesen, ihn so zum Ausdruck zu bringen, wie ich es gewünscht hätte.

Wenn man mir sagen würde, dass alle Menschen sich um mein Wohlergehen kümmerten, so würde das doch nur wie ein Tropfen im Eimer sein gegenüber dem Wohlwollen, mit dem Gott mir begegnet. Wenn man berichten könnte, dass alle Fürsten der Welt sich vor einem armen Menschenkind auf die Knie geworfen hätten, um seine Bedürfnisse zu befriedigen, so würde das gewiss eine beachtenswerte Herablassung sein. Und dennoch wäre sie nicht der Rede wert im Vergleich mit der unendlichen Herablassung und unaussprechlichen Liebe des Retters. Diese Liebe trieb ihn, aus dem Himmel herabzukommen, um solche unwürdigen Rebellen, wie wir es waren, zu retten und zu erlösen. Alle Herablassung und alle Menschenfreundlichkeit, welche die Menschen von Anfang der Welt bisher ihren Mitmenschen erwiesen haben, sind nicht mehr als das Staubkorn, das die Waage nicht ins Wanken bringt, im Vergleich mit den ewigen Bergen der wunderbaren Liebe unseres Erretters.

Welche erstaunliche Herablassung ist es doch, dass der Gott, der alle Dinge ins Dasein rief, die Gestalt eines seiner *Geschöpfe* annehmen sollte! Wie wunderbar ist es, dass der über alles Herrliche mit der ganz auf ihn angewiesenen und gefallenen Kreatur in so nahe Beziehung treten wollte, dass sich der Allmächtige seiner unendlich großen Macht entäußerte und sich mit Sterblichkeit bekleidete. In seiner Menschwerdung stieg unser Retter in die tiefsten Tiefen der Demut hinab. Für den unendlich großen und unfassbaren Gott wäre es schon eine staunenswerte Herablassung gewesen, wenn er sich herabgelassen hätte, die Gestalt eines geschaffenen Geistwesens anzunehmen, wenn er etwa ein Seraph oder Cherub geworden wäre. Nun aber ging er unendlich weiter, er wurde nicht Seraph, er wurde Mensch!

»Wenn ich dies Wunder fassen will,
so steht mein Geist vor Ehrfurcht still,
er betet an und er ermisst,
dass Gottes Lieb' unendlich ist.«
Christian Fürchtegott Gellert

Dabei dürfen wir nicht vergessen, dass Jesus nicht etwa nur ein unsterblicher Geist war, sondern dass er einen richtigen menschlichen Körper angenommen hatte, der hungern, leiden und in den Tod gegeben werden konnte. Jesus bekleidete sich mit der ganzen Stofflichkeit, die einen menschlichen Körper ausmacht, und unser Körper ist doch – so wunderbar er sonst auch geformt ist – aus irdischen Bestandteilen zusammengesetzt, wie sie uns überall umgeben. In unserem ganzen Körper befindet sich nicht ein Bestandteil, der nicht von der Substanz der Erde wäre, auf der wir leben. Wir ernähren uns von dem, was die Erde hervorbringt, und wenn wir sterben, kehren wir zu dem Staub zurück, von dem wir genommen sind. Ist es nicht sehr wunderbar, dass dieser gröbere Teil der Schöpfung, dieser Staub, in Verbindung kommen soll mit dem unbegreiflichen göttlichen Wesen, von dem wir so wenig wissen und von dem wir überhaupt nichts begreifen können? Welch eine Herablassung Gottes! Ich muss diesen Gegenstand dem weiteren Nachdenken eurer stillen Stunden überlassen. Verweilt dabei mit tiefer Ehrfurcht! Ich bin überzeugt, dass kein Mensch auch nur annähernd eine Ahnung von der großen Herablassung Gottes hat! Und er entschloss sich, in unserem Fleisch und Blut als »Gott mit uns« unter uns zu wohnen.

Und dann lasst uns auch nicht vergessen, dass für ihn dazugehörte, die Gestalt derjenigen Geschöpfe anzunehmen, *die gegen ihn gesündigt hatten*. Ich könnte mir viel leichter vorstellen, dass er die Gestalt solcher Geschöpfe angenommen hätte, die nie gefallen sind. Aber hier sind Menschen, die sich in Auflehnung gegen Gott befanden, und doch lässt sich der Herr nicht abhalten, gerade ein solcher Mensch zu werden, damit er uns von den Folgen unserer Rebellion erlösen und uns in die Reinheit zurückbringen könnte, zu der wir ursprünglich geschaffen worden waren. »O welch eine Tiefe!«, ist alles, was wir sagen können, wenn wir uns in diese Liebe versenken.

Wir ruhen in seinen Armen

Es wird uns stets das Geheimnis der Geheimnisse, das Wunder der Wunder bleiben, dass Gott selbst sich im Fleisch offenbarte. Gott als der Unsichtbare wurde offenbar; Gott der Geist wohnte unter uns im Fleisch; Gott als der Unendliche, Unbegreifliche, Unermessliche band sich in menschlicher Gestalt an menschliche Einrichtungen, Gewohnheiten und Sitten. Wie unendlich viele Meilen müssen unsere Gedanken reisen, wenn sie von Gott, dem Allmächtigen, herabsteigen wollen auf die Stufe des armen menschlichen Fleisches, das doch weiter nichts ist als Gras und ein wenig belebter Staub! Wo ließe sich ein größerer Kontrast finden als im Gegensatz zwischen Gott und dem Fleisch! Aber diese beiden sind in der Menschwerdung Christi vollständig ineinander aufgegangen. Gott ist nicht vermenschlicht und der Mensch nicht vergöttlicht worden; ebenso wenig ist Gott übermenschlich geworden, sondern Gott ist wahrer Mensch geworden.

Da diese unvergleichliche Wahrheit über unseren Verstand hinausgeht, so wollen wir auch nicht versuchen, sie verstandesmäßig von verschiedenen Seiten zu besehen und abzuklopfen, sondern wir wollen uns ehrfurchtsvoll in sie versenken.

Hier haben wir das *Wunder der Herablassung*: Gott geoffenbart im Fleisch. Dieses Thema eignet sich nicht so sehr für die Zunge oder die Feder, als vielmehr dafür, innerlich bewegt zu werden. Wir müssen uns still hinsetzen und darüber nachdenken,

dass er, der uns schuf, uns gleich wurde;

dass er, der unser Gott ist, sich nicht schämt, uns »Brüder« zu nennen;

dass er, den die Engel anbeten, in der Krippe lag;

dass ihn, der alles Lebendige mit Wohlgefallen sättigt, hungerte und dürstete;

dass er, der alle Dinge mit seinem gewaltigen Arm trägt, ein Wesen wurde, das schlafen musste und schließlich leiden und sterben konnte genauso wie wir.

Das sind alles Dinge, die nicht leicht zu glauben sind. Wenn er nicht von vielen Zeugen gesehen worden wäre, sodass Menschen ihn mit ihren Händen betasten, mit ihren Augen sehen und selbst mit ihm reden konnten, dann könnte man zu Recht daran zweifeln, dass eine Person der Dreieinheit sich im Fleisch offenbaren sollte. Ja, es ist ein Wunder der Herablassung.

Dann ist es auch ein *Wunder des Segens*, denn Gottes Offenbarung im Fleisch schließt Tausende von Segnungen in sich. Der Stern von Bethlehem ist der Morgenstern der Hoffnung für den Gläubigen. Nun ist von allen Kreaturen der Mensch Gott am nächsten. Nun besteht zwischen dem Menschen, der von einer Frau geboren wurde, und dem unendlichen Gott ein Band der wunderbarsten Art. Der Herr Jesus ist Gott und Mensch in einer Person. Das bringt unsere Menschheit sehr nahe zu Gott und adelt damit unsere Natur; es erhebt uns aus dem Staub und macht uns zu Fürsten; es bereichert uns, indem es unser Menschsein mit der Herrlichkeit Jesu Christi umgibt, in dem die ganze Fülle der Gottheit leibhaftig wohnt (Kol 2,9).

Erhebt froh eure Häupter, ihr niedergetretenen Söhne der Erde, ihr seid zu Christus erhoben, der sich nicht schämt, euch »Brüder« zu nennen, und Christus ist Gott. Und ihr, die ihr angefangen habt, euch selbst zu verachten, und ihr, die ihr denkt, dass ihr nur auf die Erde gekommen seid, um die Packesel für allerlei Leid und Not zu werden, blickt froh empor! Eure Erlösung naht sich, der »Sohn des Menschen« hat die Ketten eures Gefängnisses zerbrochen. Wenn ihr an den Christus Gottes glaubt, dann seid ihr auch Kinder Gottes, und wenn ihr Kinder seid, dann seid ihr auch Erben – Erben Gottes und Miterben Christi (Röm 8,17).

In dieser Wahrheit liegt eine *Fülle von Trost*, denn wenn der Sohn Gottes Mensch ist, kann er mich verstehen und Mitleid haben mit meinen Schwachheiten. Er weiß, wie ich zuzeiten so untüchtig bin, ihn anzubeten. Er weiß, wie sehr ich dazu neige, in seinem Dienst zu erkalten und zu ermüden. Er kennt meine Schmerzen, meine Anfechtungen und meinen Kummer, weil er in allem versucht wurde in gleicher Weise wie wir, doch ohne Sünde (vgl. Hebr 4,15). Du wahrer Mensch zur Rechten Gottes des Vaters, du hochgelobter Retter, du bist die Wonne und Glückseligkeit meines Herzens! Ist in diesem Gedanken nicht für jedes Kind Gottes eine Quelle des Trostes enthalten?!

Dann aber liegt auch eine Menge *Unterweisung* in der Tatsache, dass Gott Mensch wurde. Wenn wir Gott schauen wollen, dann müssen wir ihn in Christus Jesus schauen. Der Apostel sagt nicht: »Gott war verschleiert im Fleisch«, sondern: »Gott … [wurde] *offenbart* … im Fleisch.« Wenn wir in die strahlende Sonne sehen wollten, würde sie unser Auge blenden, daher benutzen wir gefärbte Gläser und können dann in sie hineinschauen. So ist auch die unaussprechliche Herrlichkeit Gottes derart groß, dass sie uns töten würde, wenn wir sie jetzt schauen dürften. Nun aber nahm Gott Menschengestalt an, und siehe da, wir können ihn sehen und glückselige Gemeinschaft mit ihm haben.

Versuche nie, Gott in seiner Unumschränktheit zu schauen. Die Herrlichkeit Gottes würde deine Augen blenden, »denn … unser Gott ist ein verzehrendes Feuer« (Hebr 12,29). Bitte nicht, dass du Gott im feurigen Busch sehen möchtest, noch dass er dir in den Blitzen und Donnern des Sinai begegnen wolle. Sei zufrieden, wenn du ihn sehen kannst in dem Menschen Jesus Christus, denn in ihm hat sich Gott geoffenbart. Weder die Herrlichkeit der Lüfte noch der Meere, weder die Wunder der Schöpfung noch der Vorsehung können dir Gott so deutlich vor die Augen stellen wie der Sohn Marias, der von der Krippe zum Kreuz und vom

Kreuz zum Grab ging – und vom Grab zum Thron seines Vaters in ewiger Majestät und Herrlichkeit.

Dass Gott im Fleisch geoffenbart wurde, ist eine der auffälligsten Lehren, die jemals vor Menschen verkündigt worden sind. Wäre sie nicht so gut bezeugt, so würde es absolut unglaubwürdig erscheinen, dass der unendliche Gott, der alle Dinge erfüllt und der war und ist und sein wird, der Allmächtige, Allwissende, Allgegenwärtige – dass dieser Gott sich tatsächlich so herabgelassen hat, sich in die Gewänder unseres niederen Daseins zu hüllen.

Er schuf uns, und doch ließ er sich herab, Fleisch und Blut seiner Geschöpfe anzunehmen; das Ewige vereinte sich mit dem Sterblichen. Die Krippe in Bethlehem, die gewürdigt war, das Ebenbild des Vaters zu bergen, ist in der Tat für jeden, der es versteht, eine Offenbarung. Man kann die Engel verstehen, die sich in hellen Scharen durch die Perlentore drängten, um ihn zu schauen, den die Herrlichkeit des Himmels nicht abhalten konnte, auf die Erde herabzusteigen, um als Kind einem schlichten jungen Paar anvertraut zu werden. Wunder der Wunder! Staunen über Staunen! Geheimnis der Geheimnisse!

Die Größe dieses Geheimnisses besteht zunächst darin, dass es *Gott betrifft*. Jede Lehre, die uns über den Unendlichen und Ewigen unterrichtet, ist für uns von großer Wichtigkeit. Wir sollten ganz Ohr, ganz Auge, ganz Herz sein, wenn wir irgendetwas über ihn erfahren können. Es ist nur naheliegend, dass der, dem wir unser Dasein verdanken, der uns erhält und auf dessen Wort wir zum Staub zurückkehren werden, den ersten Platz in unserem Denken einnehmen sollte. Wendet euch hierher, ihr Kinder Adams, und seht das große Geheimnis, das unergründliche göttliche Wunder, denn da ist euer Gott (vgl. Jes 35,4; RELB)!

Das große Geheimnis, »Gott … offenbart … im Fleisch«, erscheint uns aber auch deshalb so groß, weil dadurch *der Menschheit eine so große Ehre erwiesen wird*. Wie sehr wird die Menschheit dadurch geehrt, dass Gott Menschengestalt annimmt! »Er nimmt sich … nicht der Engel an, sondern der Nachkommen Abrahams nimmt er sich an« (Hebr 2,16). Von allen seinen Geschöpfen werden ja diejenigen in der ersten Reihe stehen, die ihm am nächsten kommen durften, und welchen wird da die Palme gereicht werden? Etwa den Seraphim? Oder den anderen leicht beschwingten Söhnen des Lichtes? Stehe still und staune!

Ein Erdenwurm wird den Engeln vorgezogen! Ein Abtrünniger ist der Gegenstand seiner Wahl! An den sündlosen Engeln geht er vorüber! Die menschliche Natur ist mit der göttlichen vermählt!

Nun besteht keine Scheidung mehr zwischen Gott und dem Menschen! Zuerst kommt Gott und danach der Mensch, vertreten durch Jesus Christus, der Gott war und ist und dennoch Mensch wurde. Nun können wir mit David sagen: »Was ist der Mensch, dass du seiner gedenkst, und des Menschen Sohn, dass du auf ihn achthast? Denn ein wenig hast du ihn unter die Engel erniedrigt; und mit Herrlichkeit und Pracht hast du ihn gekrönt. Du hast ihn zum Herrscher gemacht über die Werke deiner Hände; alles hast du unter seine Füße gestellt« (Ps 8,5-7). Der Mensch wurde zur Königswürde erhoben, als Christus sich zur Menschwerdung herabließ. Der Mensch wurde erhöht, als Gott sich erniedrigte.

Das lässt das Herz warm werden

O Mensch, du stehst nun nicht wie ein Waisenkind verlassen vor dem großen, weiten Meer und schaust nach deinem Vater aus, der hinübergegangen ist und dich nicht hören und nicht sehen kann! Du bist nicht wie ein Kind, das nackt und bloß seufzt und weint, weil sein Schöpfer sich zu weit entfernt hat, als dass er ihm helfen könnte. Nein, dein Schöpfer ist dir gleich geworden. Will dir dieses Wort zu groß und zu hoch erscheinen? Er, ohne den nichts gemacht ist, was geschaffen worden ist, wurde dein Fleisch und Blut. Ja, er wurde so sehr dein Fleisch und Blut, dass er in allem versucht werden konnte in gleicher Weise wie du, doch ohne Sünde (vgl. Hebr 4,15). Ihr Menschen, habt ihr je eine solch gute Botschaft empfangen? Du arme Menschheit, du schwacher Wurm im Staub, der du gegenwärtig viel niedriger als die Engel bist, hebe dein Haupt empor! Fürchte dich nicht!

Du brauchst dich nun nicht mehr zu schämen – selbst in der Gegenwart der Seraphim nicht! Denn du bist jetzt in eine vertraute Beziehung zu Gott gebracht worden, die Engel nicht kennen! Das verdanken wir Jesus, dem wahren Gott und wahren Menschen Jesus! Er, der Sündlose, wurde geboren, lebte und starb, gerade so wie wir!

Ja, der Herr Jesus war in noch umfassenderem Sinne Mensch als selbst Adam. Denn Adam wurde nicht geboren, sondern geschaffen. Doch der Herr Jesus kam nicht als erwachsener Mensch auf die Erde, sondern wurde wie wir in Windeln gewickelt. Er begleitet uns durch alle Phasen des Kindesalters und schreitet mit uns weiter bis ins Grab.

Welch großer Trost liegt doch in dem Gedanken, dass er, der heute wieder zur Rechten Gottes ist, einst ein zartes Kind war! Auch wenn meine Sorgen klein sind und auf mein Leben beschränkt bleiben, darf ich doch zu ihm gehen, denn er war einst ein Kind. Mögen die Großen dieser Erde über ein Kind der Armut verächtlich die Nase rümpfen und sagen: »Du bist uns zu unbedeutend, als dass wir dir Beachtung schenken könnten, und deine Sorge ist zu einfältig, als dass wir uns damit beschäftigen möchten.« Dennoch werde ich mich mit demütiger Freude an den König der Himmel erinnern, wie er in Windeln gewickelt wurde und von einer Frau getragen werden musste, und werde nicht aufhören, ihm alle meine Sorgen anzuvertrauen. Wie wunderbar, dass er ein Kind und doch wahrer Gott von Ewigkeit sein konnte! Dieses heilige Kind Jesus überbrückt die große Kluft zwischen Gott und dem Menschen.

Es gab nie ein herrlicheres Thema für unsere Lobgesänge als dieses, dass Gott sich zur Niedrigkeit der Menschheit herabbeugt. Als Gott *seine Macht* in den Werken seiner Hände offenbarte, lobten ihn die Morgensterne, während alle Söhne Gottes jauchzten. Aber als Gott *sich selbst* offenbarte, erhob sich die Frage: Welche Musik reicht aus, um diese herrliche Tat zu besingen? Wo wir Weisheit und Macht schauen, erblicken wir doch nur Eigenschaften Gottes. Aber in der Menschwerdung

Christi sehen wir die Person Gottes selbst – wenn sie auch mit unserer geringen Hülle umgeben ist. Maria darf singen, und alle Engelheere loben mit ihr, wenn sie diese Herablassung ohnegleichen bewundern. »Das Wort wurde Fleisch und wohnte unter uns« (Joh 1,14).

Sollten die Engel sich zu flammenden Worten des Lobes Gottes hinreißen lassen, während wir stumm dasitzen? Niemals! Unser Lob soll vielmehr aus dem tiefsten Herzensgrund quellen:

»O dass ich tausend Zungen hätte
und einen tausendfachen Mund,
so stimmt' ich damit um die Wette
vom allertiefsten Herzensgrund
ein Loblied nach dem andern an
von dem, was Gott an mir getan.«
Johann Mentzer

Wir nehmen Gnade um Gnade

Da Gott Menschengestalt angenommen hat, begleitet er uns nun mit seinem Interesse auf allen unseren Lebenswegen. Wir finden kaum einen Halteplatz auf dem Marsch des Lebens, wo nicht auch Jesus geweilt hätte, kaum eine staubige Landstraße, die nicht auch er gepilgert wäre. Von der Eingangspforte des Lebens bis zum Tor, das unseren Lauf beschließt, können wir stets in Jesu Fußstapfen treten. Hast du einmal in der Wiege gelegen? Er auch. Warst du ein Kind unter elterlicher Aufsicht? Er auch. Bist du in den Kampf des Lebens getreten? Er auch. Und selbst wenn er einen verhältnismäßig kurzen Lebensweg zurücklegte, so musste er doch durch beständigen Kampf und Streit, und auch bei ihm hatte der Kampf seine Spuren hinterlassen. Wir können das möglicherweise einer Äußerung der Juden entnehmen. Sie sagten zu ihm, als er eben das dreißigste Lebensjahr überschritten hatte: »Du bist noch nicht fünfzig Jahre alt« (Joh 8,57). Daraus könnten wir schließen, dass er viel älter aussah, als er in Wirklichkeit war.

Fühlst du dich einsam? Er kann mit dir fühlen. Oh, wie einsam fühlte er sich in der Wüste und im Garten Gethsemane! Musst du mitten hinein ins raue Leben? Dein Retter kennt das dichteste Gedränge. Ja, wo immer du dich befinden könntest – auf dem Hügel, im Tal, auf dem Land, auf dem Meer, bei Tag oder bei Nacht –, du wirst bald entdecken, dass Jesus vor dir dort war! Zwei Gläubige können noch so verschieden voneinander sein, sie werden trotzdem bekennen müssen, dass Christi Leben in sehr vielen Stücken mit ihrem Leben übereinstimmt. Der eine kann reich, der andere mag arm sein, der eine äußerst aktiv, der andere ein stiller Dulder. Wenn sie jedoch das Leben Jesu studieren, müssen sie bekennen, dass Jesu Weg ganz dicht neben dem ihren herläuft. »[Er] musste … in allem den Brüdern gleich werden« (Hebr 2,17). Er ist »Gott mit uns«, nicht bloß hin und wieder, sondern überall und stets.

Vor allen Dingen ist er unser »Gott mit uns« *in unseren Sorgen*. Keine Pein, die unser Herz durchzittert, ist Jesus unbekannt. Ja, ich möchte sogar sagen, es gibt keinen Schmerz, der unseren Körper durchwühlt, den nicht er vorher empfunden hätte. Spürst du den Stachel der Armut? Er konnte sagen: »Der Sohn des Menschen hat nicht, wo er das Haupt hinlege« (Mt 8,20). Ist dir einer deiner Lieben durch den Tod geraubt? Sieh auf Jesus, er weinte am Grab des Lazarus. Bist du um der Gerechtigkeit willen verspottet worden, sodass es dir tief ins Herz schnitt? Er konnte sagen: »Der Hohn hat mein Herz gebrochen« (Ps 69,21). Hat dich jemand treulos verraten? Vergiss nicht, dass auch er einen vertrauten Freund hatte, der ihn für den Preis eines Sklaven überlieferte. Auf welchem stürmischen Meer bist du hin und her geworfen worden, welches nicht auch sein Schiff umtost hätte? Du wirst nie einen Weg gehen – so dunkel, unfreundlich und unwegsam er auch scheinen mag –, wo du nicht beim Niederbeugen die Fußstapfen des Gekreuzigten entdecken könntest. Im Feuer und im Wasser, in den bitterkalten Nächten wie in den bedrückendsten Tagen deines Lebens kannst du ihn rufen hören: »Ich bin mit dir; verzage nicht, ich bin dein Begleiter und dein Gott.«

Wie köstlich ist die Versicherung, dass, *wenn für dich und mich die letzte Stunde auf Erden kommt,* auch dann unser Immanuel bei uns sein wird! Er spürte die Schmerzen des Todes, er kennt den Angstschweiß des letzten Kampfes und weiß, wie der Durst des Fiebers quält. Er weiß ebenso gut, was das heißt, wenn der gequälte Geist sich von dem Fleisch losringt und man dann sagen darf: »Vater, in deine Hände übergebe ich meinen Geist!« (Lk 23,46).

Ja, selbst das *Grab* blieb ihm nicht unbekannt, denn er ruhte in ihm, und als er der Gruft entstieg, hatte er sie ihrer Schrecken beraubt und zu einer Stätte friedlicher Ruhe umgestaltet. Jene neue Gruft im Garten macht ihn zum »Gott mit uns«, bis die Auferstehungsposaune erschallen und uns zu dem neuen Leben führen wird, in dem er gleichfalls unser »Gott mit uns« sein wird. Wir werden nach seinem Bild auferstehen, und der erste Blick unserer geöffneten Augen wird auf den menschgewordenen Gottessohn fallen. Jeder wahre Gläubige kann mit Hiob sagen: »Und ich, ich weiß, dass mein Erlöser lebt, und als der Letzte wird er auf der Erde stehen; und ist nach meiner Haut dies da zerstört, so werde ich aus meinem Fleisch Gott anschauen« (Hi 19,25-26).

Durch die *Ewigkeit der Ewigkeiten* hindurch wird Jesus unser engster Gefährte sein. In alle Ewigkeit wird unser »Gott mit uns« bei uns sein. Hat er nicht gesagt: »Weil ich lebe, werdet auch ihr leben« (Joh 14,19)? Sowohl sein menschliches Leben als auch sein göttliches Leben werden ewigen Bestand haben, und darum wird auch unser Leben nie aufhören. Er wird unter uns wohnen und uns zu den lebendigen Wassern leiten, und so werden wir »allezeit bei dem Herrn sein« (1Thes 4,17).

Frage dich selbst, ob du weißt, was das heißt: »Gott mit uns«. War Gott mit dir in deiner Trübsal, als der Heilige Geist dich tröstete? War Gott mit dir, als du die Schrift gelesen hast? Hat der Heilige Geist dir das Wort aufgetan? War Gott mit dir, als du dich in deinen Sünden erkanntest? War Gott mit dir, als der Blick nach Golgatha dich unaussprechlich tröstete? Kennst du die volle Bedeutung des Namens: »Immanuel ... Gott mit uns«? Ja, selbst wer am tiefsten darin eingedrungen ist, weiß doch noch herzlich wenig davon. Wie unwissend aber ist der, dem der Name Immanuel bis jetzt noch ganz gleichgültig war! Seine Unwissenheit ist für ihn kein Segen, sondern ein Fluch, der erst aufgehoben wird, wenn der Heilige Geist sein Werk erfolgreich durchführen kann. Möge er dir die Bedeutung dieses Namens offenbaren.

Versuche, den Wohlklang dieses Namens auf dich wirken zu lassen: »Immanuel ... Gott mit uns«! Schickt mich in die Wüste, wo weder Baum noch Strauch gedeihen können, so kann ich trotzdem sagen: »Gott mit mir«. Oder schickt mich aufs weite offene Meer, wo mein kleines Boot zum Spielball der Wellen wird, ich sage dennoch: »Gott mit mir«. Setzt mich auf einen Sonnenstrahl, der mich ans äußerste Ende des Weltalls trägt, ich bleibe bei meinem »Gott mit mir«. Lasst meinen Leib in den Tiefen des Ozeans versinken, dennoch sage ich als Gotteskind: »Gott mit mir«.

Tönt es nicht wie eine Himmelsglocke? Lasst mich sie noch einmal läuten: »Gott mit uns! Gott mit uns!« Es ist ein Ton, der aus dem Paradies nachklingt: »Gott mit uns«. Diese Worte gehören zum Lob der Seraphim: »Gott mit uns«. Es ist ein himmlischer Akkord, der von der göttlichen Freude über die Gemeinde zeugt. Sie singt beständig: »Gott mit uns! Gott mit uns!«

Verkündet es den Nationen, dass der Name dessen, der in Bethlehem geboren wurde, »Gott mit uns« heißt. Der erhabene Schöpfer der Welt wandelte auf unserer Erde. Er, der zehntausend Welten schuf, die alle mächtiger und größer sind als unsere kleine Erde, wurde Bürger auf einem Atom seiner Schöpfung. Ihr Heiden, hört es und staunt! Das Senkblei der Vernunft kann diese Tiefe nicht zur Hälfte ergründen, der Flügelschlag der Wissenschaft kann sich nicht zu dieser Höhe erheben. »Gott mit uns«, das ist ein Schrecken für die Hölle. Satan zittert, sobald er diese Worte hört, seine Legionen stieben auseinander, sobald dieser Klang an ihr Ohr dringt. »Gott mit uns«, das gibt demjenigen, der sich in Christi Dienst müht, neue Kraft. Wie könnten wir das Evangelium verkündigen, wie könnten wir unsere Knie beugen, wie könnten Missionare in ferne Länder ziehen, wie könnten Märtyrer auf den Scheiterhaufen steigen, wenn sie nicht sagen könnten: »Gott mit uns«!? Dies ist der Trost des Kranken, dies ist Balsam für seine Wunde, dies ist die Ruhe, die Gott nach allem Kampf und Streit gibt. Immanuel! Immanuel!

Er zeltete unter uns

Es war eine neue und aufsehenerregende Lehre, als den Heiden zum ersten Mal verkündigt wurde, dass Gott in die denkbar innigste Beziehung zu den Menschen getreten sei, indem er wirklich und wahrhaftig Gott und Mensch in einer Person wurde. Und dennoch muss diese Wahrheit angenommen werden, oder Christus bleibt uns fern.

Mein Herr kann sich nicht damit zufriedengeben, dass man anerkennt, sein Charakter sei liebenswürdig, seine Lehre rein und sein Moralgesetz vorzüglich. Es genügt ihm auch nicht, wenn jemand zugibt, dass er ein Prophet sei – größer als alle Propheten, die vor ihm auftraten. Auch kann er damit nicht zufrieden sein, dass man ihn einen vom Himmel gesandten Lehrer oder ein Wesen nennt, das wegen seines tugendhaften Lebens in den Himmel erhoben werden müsste.

Auch wenn das alles richtig ist, so umfasst es nicht die ganze Wahrheit. Wir müssen auch glauben, dass derselbe Jesus, der als Mensch von einer Jungfrau geboren und auf ihren Armen getragen wurde, Gott von Ewigkeit her war, ohne Anfang der Tage und Ende der Jahre. Du glaubst nicht in Tat und Wahrheit an Jesus Christus, wenn du nicht neben sein wahres Menschsein auch seine wahrhaftige Gottheit setzt.

Was bleibt denn auch übrig, wenn du diese Wahrheit nicht annehmen willst? Ein Retter, der nicht göttlicher Natur ist, kann uns kein Heil bringen. Wie könnte ein bloßer Mensch, so bedeutend er sonst auch sein mag, solche Leute wie dich und mich von ihren Sünden erretten? Dann könnte ich nicht einsehen, wie er besser als wir selbst imstande wäre, unsere Sünden zu tragen. Ein Engel würde unter der Last unserer Sünden zusammenbrechen, und bei einem Menschen, so sehr er auch sonst in Ehren gehalten werden mag, würde das in noch viel höherem Maße der Fall sein. Göttliche Schultern waren nötig, um diese schwere Last auf sich zu nehmen und sie in die ewige Vergessenheit hinauszutragen. Willst du also durch ihn gerettet werden, so musst du Christus als wahren Gott und wahren Menschen annehmen.

Johannes nennt ihn »das Wort«[3] Gottes (Joh 1,1). Gott hat sich in der Natur, wenn man so sagen darf, undeutlich und unbestimmt geoffenbart. In seinem Sohn jedoch lässt er uns einen Blick in seine tiefsten Gedanken tun; in Christus spricht er klar und unmissverständlich. Jesus ist die Offenbarung

---

3 Der Begriff kann auch mit »Rede« wiedergegeben werden.

sowohl der Gedanken als auch des Herzens des Vaters. Wer Jesus sah, der sah den Vater. »Willst du, dass ich dich sehe, so sprich«, sagte Sokrates, »denn die Rede offenbart den Menschen.« Möchtest du Gott schauen, so gib acht auf Christus, denn er ist »das Wort« Gottes, das dir die geheimsten Gedanken Gottes offenbart.

Damit wir nun aber nicht denken, Jesus sei eine bloße Äußerung Gottes, nichts als ein gesprochenes und leicht zu vergessendes Wort, gibt sich Johannes alle Mühe, nachzuweisen, dass Jesus eine wirkliche Person war. Daher sagt er uns, dass das wahrhaftige Wort, aus dessen Fülle wir alle Gnade um Gnade genommen haben (Joh 1,16), ganz gewiss Gott war.

Bestimmter und unmissverständlicher konnte Johannes gar nicht vom Herrn reden. Er schreibt ihm *Ewigkeit* zu, die allein Gott gehört: »Im Anfang war das Wort.« Er nimmt aufs Bestimmteste für ihn in Anspruch, dass er *göttlich* war und ist: »Das Wort war Gott« (1,1). Er weist nach, dass Christus schöpferische Kraft hat: »Alles wurde durch dasselbe[4], und ohne dasselbe wurde auch nicht eins, das geworden ist« (1,3). Er betont, *dass Jesus aus*

4 Anmerkung des Herausgebers: D. h. durch das fleischgewordene Wort (= Christus).

sich selbst heraus lebt: »In ihm war Leben« (1,4). Er beansprucht für ihn eine Natur, die nur Gott haben kann: »Gott [ist] Licht ... und gar keine Finsternis [ist] in ihm« (1Jo 1,5). Außerdem sagt er: »Das war das wahrhaftige Licht, das, in die Welt kommend, jeden Menschen erleuchtet« (Joh 1,9). Deutlicher kann sich doch kein Schreiber ausdrücken, als Johannes es hier tut. Er stellt uns die Gottheit des Hochgelobten als über allen Zweifel erhaben dar.

Aber ebenso klar spricht Johannes auch vom wahren Menschsein Christi. Er sagt: »Das Wort wurde Fleisch« (1,14). Er nahm nicht nur menschliche Formen an, sondern er wurde Fleisch. Er wurde nicht nur Mensch in Bezug auf den edelsten Bestandteil, den Geist, sondern er »wurde Fleisch«, ein Bild für die Hinfälligkeit des Menschen. Unser Retter war keine Erscheinung oder kein Gespenst. So kann Johannes am Anfang seines ersten Briefes sagen: »Was wir gehört, was wir mit unseren Augen gesehen, was wir angeschaut und unsere Hände betastet haben, betreffend das Wort des Lebens ... [das] verkündigen wir auch euch« (1Jo 1,1.3).

»Das Wort wurde Fleisch und wohnte (wörtlich ›zeltete‹) unter uns.« Der Schuppen eines Zimmermanns war seine Heimstätte, die Höhlen und Gipfel der Berge waren seine mitternächtlichen Zufluchtsstätten. Er wohnte unter Sündern und Seufzenden, unter Kranken und Sterbenden und vollendete seinen Lebensweg unter uns, indem er gehorsam wurde bis zum Tod, ja, zum Tod am Kreuz (Phil 2,8). So ist er einerseits so herrlich, dass Himmel und Erde vor der Majestät seiner Gegenwart zittern, und andererseits ist er so bescheiden, dass er sich nicht schämt, die Menschen, die zum Glauben gekommen sind, »Brüder« zu nennen (Hebr 2,11).

Die unerschöpfliche Fülle Christi

In Christus Jesus wohnt alles, was Gott ausmacht, »denn es war das Wohlgefallen der ganzen Fülle, in ihm zu wohnen« (Kol 1,19). Und das wiederholt der Apostel in Kapitel 2,9 mit folgenden Worten: »Denn in ihm wohnt die ganze Fülle der Gottheit leibhaftig« (Kol 2,9). Ebenso wohnt in ihm aber auch die Fülle vollkommenen Menschseins, denn Gott offenbarte sich in ihm *leibhaftig*. Indem er unser Fleisch und Blut annahm, wurde er denen, die er seine »Brüder« nennt, in allen Stücken gleichgemacht, und es gibt nichts, was hinsichtlich eines vollkommenen Menschseins in ihm fehlt. In seinem Blut ist die *Fülle der versöhnenden Kraft*, denn »das Blut Jesu Christi … reinigt uns von aller Sünde« (1Jo 1,7). In seinem Leben ist die *Fülle der rechtfertigenden Gerechtigkeit*, denn »jetzt [ist] keine Verdammnis für die, die in Christus Jesus sind« (Röm 8,1). In seiner Fürbitte ist die *Fülle der göttlichen Bewahrung*. »Daher vermag er diejenigen auch völlig zu erretten, die durch ihn Gott nahen, indem er allezeit lebt, um sich für sie zu verwenden« (Hebr 7,25). In ihm ist auch die *Fülle des Sieges über den Tod*, denn »weil nun die Kinder Blutes und Fleisches teilhaftig sind, hat auch er in gleicher Weise daran teilgenommen, damit er durch den Tod den zunichtemachte, der die Macht des Todes hat, das ist den Teufel« (Hebr 2,14). In ihm ist die Kraft der Auferstehung aus den Toten, denn durch diese sind wir »wiedergezeugt … zu einer lebendigen Hoffnung durch die Auferstehung Jesu Christi aus den Toten, zu einem unverweslichen und unbefleckten und unverwelklichen Erbe, das in den Himmeln aufbewahrt ist« (1Petr 1,3-4). In ihm ist die *Fülle des Triumphes* der Himmelfahrt, denn er ist »hinaufgestiegen in die Höhe [und] hat … die Gefangenschaft gefangen geführt und den Menschen Gaben gegeben« (Eph 4,8).

In Christus ist eine *Fülle von unaussprechlichen Segnungen,* die leider noch viel zu unbekannt sind. In ihm ist eine Fülle von Gnade, die gern verzeiht; von Gnade, die Kraft zur Wiedergeburt hat; von Gnade zur Heiligung; von bewahrender Gnade und von Gnade, die uns vollkommen machen will. Diese Fülle ist in ihm zu allen Zeiten, bei Tag und bei Nacht. Eine Fülle von Trost in Anfechtung; eine Fülle von Leitung in schwierigen Lagen; eine Fülle aller göttlichen Eigenschaften, von Weisheit, Kraft und Liebe. Eine Fülle, die unmöglich versiegen kann. In ihm ist alles Gute zusammengetragen, wie Paulus an die Epheser schreibt: »… [um] alles unter ein Haupt zusammenzubringen in dem

Christus, das, was in den Himmeln, und das, was auf der Erde ist« (Eph 1,10).

»Es war das Wohlgefallen der ganzen Fülle, in ihm zu wohnen.« Wir bemühen uns vergeblich, wenn wir versuchen, dieses Wunder zu fassen. Diese Fülle stellt ein Thema dar, das die Kraft eines Engels übersteigt. Es ist die Fülle, die in Christus, unserem Haupt, wohnt und nie von ihm weicht und alle unsere Bedürfnisse stillt. Wir bekommen eine kleine Ahnung von dem, was diese Fülle bedeutet, wenn wir an die unzählbare Menge derer denken, die alle aus seiner Fülle Gnade um Gnade empfangen haben und immer noch empfangen. Kein Einziger darf sagen, dass er nur wenig Gnade empfing, sondern sie wurden alle mit Gnade überschüttet. Sie sind alle so sehr bei dem Herrn verschuldet, dass sie nie ganz ermessen können, wie viel sie dem Herrn verdanken. Aber sie alle empfinden, dass ein ewiger Lobgesang nicht zu lange währt, um ihre Dankbarkeit auszudrücken.

Christi Fülle ist eine *bleibende* Fülle. Johannes sagt: »Aus seiner Fülle haben wir alle empfangen, und zwar Gnade um Gnade« (Joh 1,16). Und doch bleibt es immer noch eine »Fülle«, denn wie viele auch immer daraus schöpfen mögen, sie können sie nicht mindern. Es war eine Fülle, ehe ein einsamer Sünder kam, um für sich Vergebung zu erbitten. Es war eine Fülle, ehe ein stilles Gotteskind gelernt hatte, von dem Lebenswasser zu trinken, dessen Fluten dazu bestimmt sind, die Gotteskinder fröhlich zu machen. Und nun, nachdem Millionen und Abermillionen bluterkaufter Sünder diese Gnadenflut kennengelernt haben, ist sie noch ebenso überfließend wie damals. Man sagt, wenn ein Kind einen Becher voll Wasser aus dem Meer schöpft, ist es noch ebenso voll wie zuvor. Aber das ist genau genommen nicht richtig, denn das Meer ist dann um einen Becher leerer. Bei Christus jedoch bleibt stets die gleiche Fülle, ob wir nun die Gnade becherweise oder ozeanweise in Anspruch nehmen. Wenn wir dieser Schatzkammer göttlicher Liebe so viele Güter entnommen haben, dass wir selbst staunen müssen, so bleibt doch ebenso viel Gnade und Barmherzigkeit in Christus, wie zuvor vorhanden war, ehe wir zu nehmen begannen. Auch nachdem alle Kinder Gottes wieder und immer wieder Gnade um Gnade genommen haben, bleibt eine »Fülle« übrig.

In Christus ist auch eine bleibende Fülle von *Wahrheit*. Wenn du die Wahrheit fünfzig Jahre lang gehört hast, ergründest du immer noch größere Tiefen als am Anfang. Andere Themen ermüden mit der Zeit. Es dürfte jedem schwerfallen, eine große Versammlung Jahr für Jahr mit einem anderen Gegenstand zusammenzuhalten als mit Christus, dem Gekreuzigten. Für einige Zeit kann man die Hörer anderweitig wohl anziehen. Man kann sie mit den Erfindungen der Wissenschaft faszinieren, mit den Schönheiten der Poesie erfreuen – ja, es mag sein, dass man Leute mit verwöhnten Ohren durch große Beredsamkeit eine Zeit lang fesseln kann; dann aber werden sie sich abwenden und sagen: »Das ertragen wir nicht länger, wir wissen alles, was er uns zu sagen hat.« Mit der Zeit ermüdet selbst die beste Musik, ausgenommen die himmlische. Wenn der heilige Sänger in die Saiten greift, ja, selbst wenn eine ungeübte Hand die goldenen Saiten berührt, um eine Melodie zur Verherrlichung des Namens Jesu ertönen zu lassen, und die wunderbaren Melodien seiner Taten und Eigenschaften erklingen, dann horcht jedes Ohr gespannt auf, und jedes Herz hallt wider von der herrlichen Musik. Das Thema der Liebe Jesu ist unerschöpflich. Wenn auch die Botschafter an Christi statt jahrhundertelang dabei verweilt haben – seine Frische und Fülle ist geblieben.

Die Erlösung konnte nur auf Erden vollbracht werden

Es würde für keinen Sünder eine Hoffnung geben, wenn nicht Jesus Christus, Gottes Sohn, selbst gekommen wäre, um ihn zu retten. Paulus schreibt an seinen geistlichen Sohn Timotheus: »Das Wort ist gewiss und aller Annahme wert, dass Christus Jesus in die Welt gekommen ist, um Sünder zu erretten« (1Tim 1,15). Man kann die Größe der Gefahr, in der wir schwebten, an der Herrlichkeit dessen ermessen, der kam, um uns aus ihr zu erretten. Es ist der Sohn Gottes, dem die Engel dienen, welcher kam, »um Sünder zu erretten«. Unser Verderben muss daher sehr groß gewesen sein.

Christus kam *in die Welt*, um Sünder zu erretten. Der Fall der Menschen war so groß und schrecklich, dass Jesus selbst an den Ort des Geschehens gehen musste, wenn sie nicht den Folgen der Sünde erliegen sollten. Er musste in den Schlamm hinabsteigen, damit er uns aus ihm herausziehen konnte. Als Gott sein mächtiges Schöpfungswort sprach (»Es werde Licht!«), konnte er das vom Himmel aus tun. Christus aber konnte unsere Errettung nicht im Himmel vollbringen, sondern musste auf die Erde herabsteigen. Unser Verderben ist so groß, dass für uns keine Rettung möglich war, es sei denn, dass Jesus vom Himmel herabstieg und uns Menschen gleich wurde, indem er der Gestalt nach wie ein Mensch befunden wurde (vgl. Phil 2,7).

Und als er auf Erden weilte, durfte er nicht eher in den Himmel zurückgehen, als bis er sagen konnte: »Es ist vollbracht!« (Joh 19,30). Er musste erst sterben. Sein heiliges Haupt musste mit Dornen gekrönt, die freundlichen Augen mussten durch den Tod geschlossen werden. Sein heiliger Leib musste den Speerstich erdulden, der ihm das Herz öffnete, und dann musste er kalt und bleich im Grab liegen, weil dies zu seinem Erlösungswerk dazugehörte, dessen Nutznießer wir sind. Und all diese Schmach und der Tod sind nur die äußere Schale der Leiden Jesu; das Schwerste und Schrecklichste war, dass er den Zorn seines Vaters über sich ergehen lassen musste. In Gethsemane wurde eine Sünden- und Schuldenlast auf seine Seele gelegt, die so groß war, dass sie imstande gewesen wäre, die ganze Menschheit zu zermalmen.

O Sünder, dein Verderben ist sehr groß, wenn du einen unendlichen Retter nötig hast, der das Opfer seines eigenen Leibes darbringen muss, um den Sünder von der Strafe, der Macht und den Folgen der Sünde zu retten. Diese Wahrheit wird uns durch Paulus nahegelegt, wenn er sagt, dass es ein »aller Annahme wertes« Wort sei, dass Christus Jesus in die Welt gekommen ist, um Sünder zu erretten. Möge der Heilige Geist es dir tief ins Herz schreiben.

Lass dich auch noch auf dies aufmerksam machen: Der Christus Gottes ging, als er auf die Erde kam, nicht daran, die Tatsache der menschlichen Sündhaftigkeit zu leugnen oder die Menschen durch eine Philosophie zu trösten, in der die Sünde als etwas Harmloses dargestellt wird. Auch erklärte er die Sünde nicht für einen »Fehler« oder ein »Unglück«, worauf unmöglich die ewigen Höllenstrafen hätten folgen können. Ich bin gewiss, dass sich dadurch kein wahrhaft erwachtes Gewissen hätte trösten lassen, denn dem erwachten Gewissen ist die Sünde tatsächlich Sünde – große, schwere, fluchwürdige Sünde.

Jesus kam auch nicht in die Welt, um dir zu helfen, die Sünde zu vergessen. Er wollte dich nicht mit einem Mantel bekleiden, mit dem du die Sünde erfolgreich bedecken könntest. Er erschien auch nicht, um dir so starke Nerven zu verleihen, dass du angesichts deiner Übertretungen lachen und den Gedanken an ihre Folgen in den Wind schlagen könntest. Nein und tausendmal nein, aus solchen Gründen stieg der Sohn Gottes nicht vom

Himmel herab auf diese Erde. Er kam nicht, um dich in einen falschen Frieden zu wiegen, sondern um dir eine wirkliche Befreiung von der Sünde zu bringen, indem er sie wegnahm und dir auf diese Weise einen Frieden gibt, über den du dich wahrhaft freuen kannst.

Wenn die Sünde wahrhaft weggetan ist, dann darf man Frieden haben. Dann ist die Ruhe der Seele ein Segen, den wir nicht nur genießen dürfen, sondern den wir auch genießen sollen. Er macht uns desto angenehmer vor Gott, je mehr wir ihn genießen. O Sünder, die gute Botschaft, die wir dir im Evangelium bringen, ist kein bloßer Hoffnungsschimmer, der schließlich vergeht, und kein Beruhigungsmittel, das deinen Schmerz für einen Augenblick aufhebt. Vielmehr ist sie die wahre Heilung aller deiner Schmerzen sowie die sichere und gewisse Befreiung von aller Gefahr, die jetzt noch über deinem Haupt schwebt.

Die herzliche Barmherzigkeit unseres Gottes

Was war die Triebfeder, dass Christus kam, um etwa dreiunddreißig Jahre unter uns zu weilen und unsere Erlösung zu vollbringen? Was war es anderes als seine »herzliche Barmherzigkeit« (Lk 1,78)?! Könige mögen ihre Untertanen aus verschiedenen Gründen besuchen, aber keiner denkt daran, ihre Armut, ihre Krankheit, ihre Sorgen auf sich zu nehmen. Sie könnten es nicht einmal, wenn sie es auch wollten, und sie würden es nicht wollen, wenn sie es könnten. Als aber unser himmlischer Meister auf die Erde kam, nahm er unser Fleisch und Blut an.

Ihr Kinder, denkt nur, der Herr kam uns so nahe, dass er ein Wickelkind wurde, wie ihr es wart, und dann wuchs er heran und war seinen Eltern untertan, wie ihr es auch sein müsst! Du Mann mit den schwieligen Händen, denke nur, der Herr kam dir so nahe, dass er nach außen hin der Sohn eines Zimmermanns wurde, um alle deine Lasten und Mühen, selbst Hunger und Durst, aus eigener Erfahrung kennenzulernen! O Menschenkinder, denkt nur, Jesus Christus kam euch so nahe, dass er eure Krankheiten auf sich nahm und sich eure Schwachheiten und eure Ungerechtigkeiten auf seine Schultern laden ließ. Dies war eine Art von Besuch, wie ihn niemand erwartet hatte noch erwarten konnte. Es war der Ausfluss seiner herzlichen Barmherzigkeit. Jesus Christus ist der menschgewordene Gott, der gekommen ist, um sein Volk zu erlösen. Er ist unser Gefährte in der Trübsal, unser starker Helfer zur Erlangung des himmlischen Reiches. Alle unsere Anfechtungen haben ihn getroffen, weil er uns in herzlicher Barmherzigkeit zugetan war.

Er kam nicht auf die Erde, um uns einen kurzen Besuch abzustatten, sondern er wohnte auf dieser Erde voll Sünde und Not. Dieser große Fürst ging ein und aus in unseren Häusern, in denen wir Unterschlupf suchen. Der kleine Planet, auf dem wir wohnen, erstrahlte eine Zeit lang in einem herrlicheren Licht als alle anderen Sterne des Weltalls, denn er wurde gewürdigt, seinen Schöpfer zu tragen. Seine Füße betraten die Äcker von Samaria und wandelten über die Hügel und durch die Täler Judäas. Er ging umher und tat Gutes.

Er mischte sich fast ohne jede Zurückhaltung unter die Menschen. Durch seine Reinheit unterschied er sich ja von uns Sündern, aber sonst war er für jeden Menschen da; niemand brauchte ängstlich vor ihm zurückzuweichen. Er war bei den Pharisäern zu Gast, was fast noch wunderbarer ist, als wenn uns erzählt wird, dass er die Sünder annahm und mit ihnen aß. Eine verworfene Frau war zwar sehr tief gefallen, doch er setzte sich auf den Rand des Brunnens und redete mit ihr. Es gab überhaupt keinen Armen oder Unwissenden, der so tief gesunken gewesen wäre, dass Jesus sich nicht hätte um ihn kümmern mögen. Sein Besuch bei uns war von der allerpersönlichsten Art. Er verachtete keinen Menschen, sondern neigte sich in Liebe zu allen herab.

Aber mehr noch! Er besuchte uns nicht, um uns einmal zu sehen, mit uns zu sprechen, uns guten Rat zu erteilen und uns hohe Ziele zu stecken. Vielmehr besuchte er uns, um unsere Verdammnis auf sich zu nehmen, damit wir von allem frei und ledig würden. Er wurde für uns verflucht, »denn es steht geschrieben: ›Verflucht ist jeder, der am Holz hängt‹« (Gal 3,13). Er nahm unsere Schuld auf sich, damit er sie bezahlen könne. Er gab sein eigenes Herz in die Münzstätte, damit unser Lösegeld daraus geprägt würde. Er gab sich selbst für uns dahin; das ist noch mehr, als wenn ich sagen würde: »Er gab sein Blut und Leben für uns.« Ja, er gab sich selbst dahin!

Bei seinem Besuch war er so voller Gnade, dass er alle unsere Bosheit mit sich in den Tod nahm und uns seine Gerechtigkeit zurückließ. Er kam nicht in die Welt, um uns von oben herab etwas zu befehlen, sondern er kam, um ein Mensch unter den Menschen zu sein und die ganze Kette von Leid und Not auf sich zu nehmen, die der Abfall von Gott nach sich gezogen hatte.

Jesus besuchte uns, um unser Bürge, unser Stellvertreter und unser Erlöser zu werden. Er trug unsere Leiden und lud auf sich unsere Schmerzen, und der Herr ließ ihn treffen unser aller Schuld (vgl. Jes 53,4.6). Dies war wahrhaftige, herzliche Barmherzigkeit. Sie übersteigt alles menschliche Denken und Verstehen. Wenn du heute zum ersten Mal von dem Besuch Gottes auf Erden gehört hättest, dann müsste dich doch eine solche Bewunderung erfassen, dass du sie bis in Ewigkeit nicht wieder loswürdest! Dies ist das Herz des Evangeliums! Gott hat uns besucht – nicht als Richter, nicht als rächender Engel mit dem flammenden Schwert, sondern in so liebevoller Weise, dass er sogar sagte: »Lasst die Kinder zu mir kommen« (Lk 18,16). Seit dieser Zeit wissen wir, was herzliche Barmherzigkeit ist.

Kinder und Erben durch Christus

Der Herr Jesus hat unser Fleisch und Blut angenommen, damit sein Volk die »*Sohnschaft* empfinge« (Gal 4,5). Was meint das: die Sohnschaft empfangen? Es heißt doch so viel wie: »Nun bin ich unter dem Gesetz der Liebe als ein Kind, das geliebt wird und liebt. Ich gehe im Haus meines Vaters ein und aus – nicht wie ein gewöhnlicher Diener, der zur Arbeit gerufen wird, sondern als ein Kind im Haus. Ich warte nicht wie ein Knecht auf Lohn, denn ich bin immer bei meinem Vater, und alles, was sein ist, das ist mein. Mein Gott ist mein Vater, und das Licht seines Angesichts macht mich fröhlich. Ich fürchte mich nicht vor ihm, sondern ich freue mich in ihm. Nichts kann mich von seiner Liebe scheiden. Ich spüre die völlige Liebe in mir, welche die Furcht austreibt, und bin glücklich wie ein Kind.«

Nimm diese Liebe Gottes an, werde sein Kind, denn gerade deshalb wurde er Mensch. Er will, dass Gottes Kinder sich über ihre Sohnschaft wirklich freuen können.

Und bist du ein Kind, dann bist du auch ein *Erbe*. Ein Sohn, der weiß, dass er seinen reichen Vater beerben wird, lässt sich seine augenblickliche Armut nicht allzu sehr zu Herzen gehen; er wird nicht als Bettler auftreten. Er betrachtet alle Dinge, die sein Vater hat, als wären sie sein. Er sieht den Wohlstand des Vaters als Unterpfand seines eigenen Reichtums an. Er hat nicht das Gefühl, als hätte er etwas gestohlen, wenn er sich das, was seinem Vater gehört, aneignet, sondern er bedient sich dessen mit aller Freimütigkeit.

Ich wünschte, die Gläubigen schalteten und walteten freier mit den Verheißungen und Segnungen ihres Gottes. Bediene dich doch all der herrlichen Dinge, die Gott für dich bereithält. Es ist alles dein. Es bedarf nur der Hand des Glaubens, die sich den geistlichen Segen an himmlischen Gütern in Christus (vgl. Eph 1,3) aneignet. Wenn du eine Verheißung deines Vaters in Anspruch nimmst, machst du dich nicht des Diebstahls schuldig. Sei nur kühn und sage: »Dies gehört mir.« Deine Aufnahme in die Familie Gottes hat dich mit großen Vorrechten versehen, sei nicht träge, sie dir zu eigen zu machen. Paulus schrieb an die Römer: »Der Geist selbst bezeugt mit unserem Geist, dass wir Kinder Gottes sind. Wenn aber Kinder, so auch Erben – Erben Gottes und Miterben Christi« (8,16-17).

Unter den Menschen ist es so, dass der Sohn, solange sein Vater lebt, *zukünftiger* Erbe ist; wirklicher Erbe ist er erst, wenn sein Vater gestorben ist. Unser himmlischer Vater jedoch lebt und wird nie sterben, und daher hat er uns schon jetzt in das volle Erbe eingesetzt. Der Herr Jesus wurde deshalb Mensch, damit sein geliebtes Volk das Erbe sofort antreten könnte.

Es sollte ein Gefühl großer Freude über uns kommen, wenn wir an das ununterbrochene Verhältnis denken, das zwischen Gott und uns besteht, denn Jesus schämt sich auch heute nicht, uns »Brüder« zu nennen. Du bist bei Gott als Kind angenommen, und Gott hat dieses Verhältnis nie gelöst. Es ist unmöglich, dass das in der Wiedergeburt empfangene Leben aufhört. Wenn du aus Gott *geboren* bist, dann steht es fest – *aus Gott* geboren! Die Sterne mögen ihren Schein verlieren, die Sonne und der Mond mögen sich verfinstern, wer aber aus Gott geboren ist, hat ein Leben in sich, das nie erbleichen kann. Er ist Gottes Kind und wird ewiglich Gottes Kind bleiben. Daher soll er auch einhergehen wie ein Kind, wie ein Erbe, wie ein Fürst von königlichem Geblüt im Himmel, der in einem unauflöslichen Verwandtschaftsverhältnis zu dem Herrn aller Herren steht.

Wir haben seinen Stern gesehen

Selbst in der Erniedrigung Jesu offenbarte sich große Herrlichkeit. Lasst uns in unseren Gedanken in jene Zeit zurückgehen und sehen, was da geschah.

Da sehen wir zunächst, dass Jesus bei sehr einfachen Eltern geboren wurde. Sie wickelten ihn in Windeln und legten ihn in eine Krippe. Aber siehe da, die Fürstentümer und Gewalten des Himmels sind über diesen noch nie da gewesenen Fall in Bewegung geraten. Zuerst lässt sich ein Engel vernehmen, der die Ankunft des neugeborenen Königs der Juden verkündigt: »Und plötzlich war bei dem Engel eine Menge des himmlischen Heeres, das Gott lobte und sprach: Herrlichkeit Gott in der Höhe und Friede auf der Erde, an den Menschen ein Wohlgefallen!« (Lk 2,13-14).

Aber diese Bewegung beschränkte sich nicht auf die himmlischen Heerscharen, auch unter dem Heer der Sterne gab es eine staunenerregende Anordnung. Ein auserwählt herrlicher unter ihnen wurde ausgesondert, dass er gleichsam als Vertreter aller Sterne dem neuen König seine Dienste anbiete. Dieser Stern erhielt den Auftrag, der Herold all derer zu sein, die von fern herkommen, um dem neuen König bei ihrem Besuch zu huldigen. Er war der Führer, der sie in seine Nähe brachte. Er war die Schildwache, die seine Krippe bewachte.

Was dieser »Stern« auch gewesen sein mag, so viel ist gewiss, er führte die gelehrtesten Männer des Ostens von fern her zum Retter der Welt. Nach einer langen und mühevollen Reise kamen die Repräsentanten da an, wo sich das Kind befand. »Die Könige von Scheba und Seba werden Abgaben darbringen« (Ps 72,10). – »Sie alle werden aus Scheba kommen, Gold und Weihrauch bringen, und sie werden das Lob des HERRN fröhlich verkündigen« (Jes 60,6). Weise Männer beugten sich vor ihm und brachten dem Sohn Gottes Verehrung dar. Christus ist immer verehrungswürdig, wo er sich auch befinden mag. Er ist und bleibt herrlich – selbst in den Tagen seiner Erniedrigung und auch dann, wenn man ihm die Ehrerbietung verweigert, die er verdient. Wenn wir ihn auch in der Krippe als kleines Kind erblicken, so ist er doch der König aller Könige. Wenn auch neben ihm die Ochsen stehen und ihr Futter verzehren, er ist doch an seinem Stern zu erkennen.

Wir wissen nicht, wie weit die Heimat der Weisen von Jerusalem entfernt war. Sie kann so fern gelegen haben, dass ihre Reise sehr lange dauerte. (Als die Weisen nach ihrer Ankunft zu dem

Stern befragt wurden, sprachen sie davon, dass er vor zwei Jahren zum ersten Mal erschienen war.) Damals war das Reisen keine leichte Sache, es war mit Schwierigkeiten und Gefahren verbunden. Es kann sein, dass sie aus Persien kamen oder aus Indien oder aus dem geheimnisvollen Sinem, das wir jetzt unter dem Namen China kennen. Ihre Sprache mag fremd und sonderbar geklungen haben, als sie vor dem Kind von Bethlehem knieten, aber ein Dolmetscher war nicht erforderlich, das Kind verstand ihre Anbetung und nahm sie an.

Warum wurde die Geburt des neuen Königs der Juden den Leuten aus so weiter Ferne kundgetan? Warum war außer den Hirten und den wenigen anderen keiner darunter, der nahebei wohnte? Warum erwählte der Herr solche, die Hunderte von Meilen entfernt wohnten, während die Kinder des Reiches, in deren nächster Nähe der Herr geboren werden sollte, zumeist uninformiert blieben? Hier seht ihr ein neues Beispiel der Souveränität Gottes. In den Hirten wie in den Magiern, die sich um das Kind scharten, sehe ich, wie Gott seine Gunst erweist, wem er will, und wenn ich das sehe, muss ich ausrufen: »Ja, Vater, denn so war es wohlgefällig vor dir« (Mt 11,26). … »Viele Witwen waren in den Tagen Elias in Israel … und zu keiner von ihnen wurde Elia gesandt als nur nach Sarepta im Gebiet von Sidon« (Lk 4,25-26), und es waren damals viele Weise in Israel, aber keinem von ihnen erschien der Stern. Er erschien den Heiden und führte diese erwählte Schar von den Enden der Erde zu den Füßen Immanuels.

Die Souveränität unseres Gottes kleidete sich in diesen Fällen in die Gewänder der Gnade. Es war große Gnade, welche die Hirten in ihrem niederen Stand ansah, und es war weitreichende Gnade, welche aus den Ländern, die in der Finsternis schmachteten, eine kleine Schar erwählte und diese zur Errettung weise machte. Gnade, erstrahlend in ihren herrlichsten Juwelen, und Souveränität offenbarten sich in der ärmlichen Unterkunft in Bethlehem. Ist es nicht ein wunderschöner Gedanke, dass sich sowohl an der Krippe auf Erden als auch um seinen Thron im Himmel diese beiden göttlichen Eigenschaften die Hand reichen? Christus gibt sich aus Gnaden zu erkennen, aber nur solchen, die er erwählt hat – und da zeigt er: »Ich werde begnadigen, wen ich begnadige, und ich werde mich erbarmen, wessen ich mich erbarme« (Röm 9,15).

Wir möchten Jesus gerne sehen

Sobald die Weisen aus dem Morgenland in Jerusalem angekommen waren, fragten sie: »Wo ist der König der Juden, der geboren worden ist?« Sie waren vollkommen davon überzeugt, dass er der König der Juden sei und dass er jetzt geboren sein müsste. Daher fragten sie: »Wo ist er?«

Hier lernen wir etwas Beachtenswertes, nämlich die Tatsache, dass die weisen Männer *ihre Unwissenheit eingestehen*. Wahrhaft weise Männer schämen sich nie, Fragen zu stellen, weil sie weise sind. Für Leute jedoch, die nur dem Namen nach weise sind und sich den Schein von Weisheit geben, ohne sie tatsächlich zu besitzen, ist es unter ihrer Würde, einzugestehen, dass sie etwas nicht wissen. Wahre Weise haben jedenfalls viel zu tief in ihre eigene Unwissenheit hineingeblickt, als dass sie es verheimlichen wollten. Mancher Mann hätte zu den Weisen gezählt werden können, wenn er es nur über sich gebracht hätte, seine Unwissenheit einzugestehen. Die Erkenntnis unserer Unwissenheit ist die Schwelle zum Tempel des Wissens. Manche Leute meinen, sie wüssten etwas, und damit zeigen sie gerade, dass sie nichts wissen. Wüssten sie, dass sie blind sind, so könnten sie bald sehend gemacht werden; weil sie aber sagen: »Wir sehen«, bleibt ihre Blindheit auf ihnen (vgl. Joh 9,39-41).

Diese Weisen aus dem Morgenland blieben jedoch nicht bei dem Eingeständnis ihrer Unwissenheit stehen, sondern *suchten Unterweisung*. Sie hielten es für ganz selbstverständlich, dass der Neugeborene in der Hauptstadt bekannt war. War er denn nicht der König der Juden? Wo konnte er folglich bekannter sein als in der Hauptstadt?

Wahrscheinlich fragten sie schon die Wächter an den Toren der Stadt: »Wo ist der neugeborene König der Juden?« Aber die Wächter lachten und sagten: »Wir kennen keinen König als nur Herodes.«

Vielleicht fragten sie einen Müßiggänger auf der Straße: »Wo ist der neugeborene König der Juden?«, und seine Antwort lautete: »Um solche dummen Geschichten kümmere ich mich nicht, ich suche jemanden, der mit mir ins Wirtshaus geht.«

Vielleicht trafen sie auch einen Kaufmann und richteten dieselbe Frage an ihn, aber seine Antwort lautete: »Was gehen mich die Könige an? Was wollt ihr kaufen? Oder habt ihr etwas zu verkaufen?«

»Wo ist der neugeborene König der Juden?« fragten sie einen Sadduzäer, und er antwortete: »Seid doch nicht so albern, euch mit solchen Sachen zu beschäftigen. Wenn ihr es aber nicht lassen könnt, so fragt die Pharisäer, die genauso schriftkundig sind wie wir.«

Sie gingen vielleicht an einer armen Frau vorüber und fragten: »Wo ist der neugeborene König der Juden?« Sie aber antwortete: »Mein Kind liegt krank zu Hause; ich habe genug zu tun, wenn ich an mein armes krankes Kind denke. Wer sonst geboren wird oder stirbt, ist mir völlig gleichgültig.«

Selbst als die Weisen in die vornehmsten Viertel der Stadt gingen und fragten – niemand war imstande, ihnen Auskunft zu geben. Sie ruhten jedoch nicht eher, als bis sie alles wussten, was zu erfahren war.

Sie waren nicht damit zufrieden, dass sie Jerusalem erreicht hatten. Sie hätten ja sagen können: »Jetzt sind wir in dem Land, in dem das Kind geboren wurde, das genügt uns, wir sind zufrieden.« Sobald sie hörten, dass in den heiligen Schriften Bethlehem als sein Geburtsort bezeugt war, machten sie sich auf den Weg. Und auch als sie dort angekommen waren, sagten sie nicht: »Dies ist das begnadete Stückchen Erde, hier lassen wir uns nieder, wir sind zufrieden.« Nein, sie mussten das Haus finden, in dem der König war. Um ihn zu suchen, hatten sie sich auf die große Reise gemacht. Sie sahen, dass der Stern über einem bestimmten

Haus des Dorfes stillstand, und brachten ihre Tiere dort unter. Dann aber suchten sie jenen Raum auf, wo das Kind lag, und waren erst zufrieden, als sie es gesehen und angebetet hatten.

Gold, Weihrauch und Myrrhe

Von den Weisen aus dem Morgenland können wir sehr viel lernen. Gehen wir ihnen noch ein wenig nach. Jetzt stehen sie vor dem Haus, in dem das Kind liegt. Was werden sie tun? Werden sie vor dem Haus stillstehen und den Stern ansehen? Nein, *sie treten ein*. Der Stern scheint ja noch, aber sie fürchten nicht, dass er seinen Glanz verlieren könnte, denn sie sind jetzt da angekommen, wo die Sonne der Gerechtigkeit ihre Strahlen auf sie fallen lassen wird. Sie öffnen die Tür und betreten die höchst einfache »Residenz« des Kindes. Von nun an sehen sie den Stern nicht mehr, aber das macht nichts, denn hier ist »der König der Juden, der geboren worden ist« (Mt 2,2). Nun hat das wahre Licht, das vom Angesicht des Kindes ausstrahlt, sie beschienen. Sie sehen: Gott geoffenbart im Fleisch.

Wenn du weise bist, lieber Leser, wirst du wie diese Männer aus der Fremde handeln. Wer dich auch immer geführt haben mag, sei mit seiner Führung nicht zufrieden, sondern beschließe, Jesus selbst zu sehen. Wie verlangt mich danach, dass du dich in dieses Geheimnis einweihen lässt, damit du durch die Tür trittst, um das neugeborene Kind zu betrachten und es anzubeten! Es betrübt mich, wenn ich merke, dass so viele damit zufrieden sind, mich zu sehen. Ich will nur euer Führer sein, und manche von euch betrachten doch mich als das Ziel, zu dem sie gelangen wollen. Ich zeige euch den Weg, aber ihr folgt seiner Spur nicht, ihr steht nur und seht mich an. Blickt deshalb auf die Weisen: Sie hatten sich führen lassen. Der Stern hatte seine Schuldigkeit getan und verschwand. Aber Jesus blieb, darum kamen sie zu ihm.

Diese Weisen legten auch dadurch eine Probe ihrer Weisheit ab, *dass sie das Kind anbeteten*, sobald sie es erblickten. Sie waren nicht gekommen, um ihre Neugierde zu befriedigen, sondern ihre Ergebenheit zu bezeugen. Auch wir müssen den Heiland anbeten, oder wir werden nie errettet werden. Er ist nicht gekommen, um uns in unserem ungöttlichen und selbstsüchtigen alten Leben zu lassen, nachdem er unsere Sünde weggenommen hat. O dass alle Leser, die den Christus Gottes noch nicht angebetet haben, bald dahin geführt werden möchten, es zu tun! Er ist Gott, darum sollte sich unser ganzes Ich vor ihm beugen und ihm Ehre erweisen.

Hatte Gott sich je vorher in einer solchen anbetungswürdigen Weise offenbart? Seht doch, vor ihm neigen sich die Himmel! Er fährt daher auf den Schwingen des Windes. Er lässt seine Feuerflammen sprühen. Er spricht, und seine schwere Artillerie lässt die Berge wanken. Wer wollte den großen und Ehrfurcht gebietenden Gott nicht voller Ehrerbietung anbeten! Aber ist es nicht viel leichter und glückseliger, ihn hier zu sehen, wie er unsere menschliche Gestalt annahm und sich wie jedes andere schwache Kind in Windeln wickeln ließ? Willst du Gott nicht anbeten, wenn er so zu dir herabsteigt, dass er sich nicht schämt, dich »Bruder« zu nennen? Willst du nicht vor dem niederfallen, der zu deiner Errettung auf Erden erscheint?

Einen Christus, den du nicht kennst, kannst du natürlich auch nicht anbeten. Wenn du jedoch an Jesus Christus denkst, dessen Wesen und Wirken von Ewigkeit her war und welcher der ewige Sohn Gottes ist, und dir dann vorstellst, wie er zu uns herabkam, Fleisch von unserem Fleisch und Bein von unserem Bein wurde, wenn du dir sagst, warum er kam, was er für uns tat und wie er sich für uns dahingab, dann wirst du nicht anders können, als niederzufallen und ihn anzubeten.

Wir beten »Jesus, den Nazaräer, den König der Juden« an (vgl. Joh 19,19). Unser Glaube sieht ihn, wie er von der Krippe zum Kreuz und vom Kreuz in die Herrlichkeit ging. Und dort, wo Gott wohnt, in der unaussprechlichen Herrlichkeit der göttlichen Gegenwart, finden wir dieselbe Person, die in der Krippe schlief. Dort regiert er als König der Könige und als Herr aller Herren. »Du bist unser Prophet. Jedes Wort, das von deinen Lippen kommt, glauben wir, und es wird in Erfüllung gehen. Du bist unser Priester. Dein Opfer hat uns frei gemacht von aller Schuld, wir sind rein gewaschen in dem Quell deines Blutes. Du bist unser König. Befiehl, und wir gehorchen.«

Nachdem die Weisen den Herrn angebetet hatten, brachten sie *ihre Geschenke* dar. Der eine öffnete sein Juwelenkästchen und legte Gold zu den Füßen des neugeborenen Königs nieder. Ein anderer reichte Weihrauch dar, eines der herrlichsten Produkte des Landes, aus dem er kam. Und der dritte legte Myrrhe zu den Füßen des Erlösers nieder. Das taten sie, um den Ernst ihrer Verehrung anzudeuten. Sie brachten greifbare Gaben und waren nicht kleinlich.

Diese Weisen wollten nicht mit leeren Händen anbeten. Wahrhaft weise Männer sind stets freigebig. Manche Leute denken, es sei weise, immer zu nehmen. Unser Heiland sagte: »Geben ist seliger als Nehmen« (Apg 20,35).

Gott richtet unsere Herzen nach dem, was wir aus eigenem Antrieb tun. Er misst die Gläubigen nicht an ihren Opfern, noch ermüdet er sie mit seinem Verlangen nach Weihrauch. Aber ihn erfreut die Liebe, die sich in Worten nicht genug aussprechen kann und Gold, Weihrauch und Myrrhe – Werke der Liebe und Taten der Selbstverleugnung und Freigebigkeit – als die Zeichen ihrer Dankbarkeit verwendet. Wir werden nie verstehen, was wahre Glückseligkeit ist, bis wir uneigennützig und freigebig werden. Wir haben erst die Schale der Religion geschmeckt, die oft bitter ist, und haben noch nichts von der Herrlichkeit des Evangeliums geschmeckt, wenn wir uns noch nicht von der Liebe Gottes gedrungen fühlten, große Opfer für ihn zu bringen. Der wahre Gläubige kennt nichts, was er nicht bereitwilligst für den Herrn dahingeben oder tun würde. Alles, was wir als Person sind und haben, gehört unserem Gott.

Es ist alles ganz gut, aber …

Durch Christi Geburt wurden *viele Leute in Unruhe versetzt*. Matthäus erzählt uns, dass Herodes erschrak und mit ihm ganz Jerusalem bestürzt wurde (vgl. 2,3). Das hört man gewiss selten, dass ein König vor einem Kind in Windeln erschrickt. Du stolzer Herodes, bist du so schnell aus dem Gleichgewicht zu bringen? Ach, was ist es doch für ein jämmerliches Ding um die Größe der Schlechtigkeit, wie klein ist die Kraft des Guten, die sie in Angst versetzt!

Aber so geht es vielen Leuten, wenn sie das Evangelium hören und merken, dass es eine Gotteskraft ist. Herodes erschrak, weil er fürchtete, dass er seinen Thron verlieren könnte. Er dachte, das Haus Davids würde in der Person des neugeborenen Kindes Besitz davon ergreifen. Daher zitterte er und befand sich in großer Unruhe. Wie viele Leute denken: ›Wenn auch an dem Leben als Christ etwas dran ist, so werde ich dadurch doch Verluste haben.‹ Sie meinen, ihr Geschäft wird darunter leiden. Es gibt ja auch manche Geschäfte, von denen man nur wünschen kann, dass sie darunter leiden. Und in demselben Grade, wie deren Inhaber immer gottgemäßer leben, werden diese Geschäfte zurückgehen. Ich brauche sie ja nicht näher zu bezeichnen, aber die Angestellten solcher Geschäfte wissen, dass sie eigentlich rufen müssten: »Groß ist die Artemis der Epheser!« (Apg 19,28), wie es einst die Silberschmiede taten, die durch die Anfertigung kleiner Tempel »einen nicht geringen Erwerb« hatten (Apg 19,24). Durch das Evangelium aber kommen die »Tempelchen« der heutigen Geschäftsinhaber in Gefahr und ihre Handwerksgenossen nicht minder, und darum erschrickt man. Ich habe Leute gekannt, die Rädelsführer in der Sünde waren und die fürchten mussten, Gefährten der Sünde zu verlieren, wenn Christus zu ihnen kam; daher erschraken sie.

Aber mit Herodes erschrak »ganz Jerusalem«. Warum das? Wahrscheinlich, weil das Volk fürchtete, dass es nun Krieg geben würde. Wenn ein neuer König geboren wurde, konnte der Streit zwischen ihm und Herodes nicht ausbleiben, und daher erschrak Jerusalem. So gibt es auch heute Leute, die bitten: »Lasst das Evangelium von hier fernbleiben, es bringt nur Streit. Der eine glaubt dies, der andere das, der dritte glaubt nichts, und so wird jede Familie, in die es eindringt, in Unruhe versetzt.« Ihr habt recht. Die Schrift sagt genau dasselbe, denn der Herr kam, um ein Feuer auf Erden anzuzünden (vgl. Lk 12,49). Er kam mit dem Schwert, um gegen alles zu streiten, was böse ist (vgl. Mt 10,34). Es muss Streit geben. Ich wundere mich daher gar nicht, dass die Leute, die jede Aufregung hassen, zittern.

Ist es nicht sehr traurig, dass das Evangelium, das die Absicht hat, den Menschen nur Gutes zu bringen, diese erschreckt, dass das himmlische Angebot der freien Gnade sie zittern lässt, dass die weit geöffneten Tore des Himmels sie mit Entsetzen erfüllen, dass die Bitte, sich durch das Blut Jesu reinigen zu lassen, ihnen Schrecken einjagt? Erschreckt durch unendlich große Gnade! Bekümmert durch allmächtige Liebe! So tief ist der Mensch gesunken, dass ganze Scharen, wenn sie das Evangelium hören, anfangen zu zittern.

Herodes suchte sich aus dieser unangenehmen Lage herauszuhelfen, indem er den Heuchler spielte. »Jawohl«, sagte er zu den Weisen, »da ist jemand geboren, welcher der König der Juden sein soll. Bitte, erzählt mir alles über ihn, was ihr wisst. Ihr spracht von einem Stern. Wann ist er erschienen? Sagt es mir so genau, wie ihr könnt. Habt ihr ihn in seinen Bewegungen beobachtet? Wann konnte man ihn am Abend sehen? An welchem Tag erschien er euch zum ersten Mal?«

Der König suchte so viel wie möglich und so genaue Nachricht wie möglich über den Stern zu erhalten. Dann ließ er die Doktoren der Theologie, die Schriftgelehrten und Priester holen und sagte zu ihnen: »Wie verhält sich das mit dem Messias, den ihr erwartet? Wann und wo soll er geboren werden? Bitte, lasst es mich wissen.« Ihr seht, dass Herodes ein lernbegieriger Schüler war, oder etwa nicht? Er saß zu den Füßen der schriftkundigen Juden, er war willig, sich von den Weisen belehren zu lassen, und dann sagte er zu ihnen: »Geht und betet den neugeborenen König an. Ihr tatet recht daran, dass ihr einen so weiten Weg gemacht habt, um dieses Kind zu verehren. Gebt auch genau acht, wie ihr alles vorfindet, und dann kommt wieder und sagt es mir, dann will ich auch hingehen und es anbeten.«

Es ist eine allgemeine Beobachtung, dass dort, wo Christus ist, sich auch bald ein Herodes oder ein Judas findet. Wenn das Evangelium an irgendeinen Ort kommt, so finden sich auch bald Leute, die sagen: »O ja, ja, ja, wir werden kommen und uns an den Versammlungen beteiligen.« Ich kenne eine Stadt, in der ein treuer Diener Christi das Evangelium mit segensreichen Auswirkungen gepredigt hat; aber es sind auch viele dort, die keine Ahnung von dem haben, was das Evangelium will. Es gibt Leute, die sich selbst für die ärgsten Heiden halten würden, wenn sie nicht dahin gingen, wo sie gesunde Lehre hören – dabei haben sie sich jedoch in ihrem Herzen vorgenommen, dass das Evangelium nie eine Veränderung bei ihnen hervorbringen darf. Sie sind Heuchler – gerade so, wie Herodes ein Heuchler war. Sie wollen nicht, dass Christus über sie herrscht (Lk 19,14). Sie sind nicht abgeneigt, von ihm zu hören; sie sind auch bereit, bis zu einem gewissen Grad anzuerkennen, dass er recht hat. Aber sie wollen um keinen Preis mit ihm in Verbindung treten. Sie würden um alles in der Welt nicht zugeben, dass sie sich nach seinem Wort richten müssten. Sie wollen nicht an ihn glauben. Sie wollen nicht seine Nachfolger werden.

Jesu Kommen – eine Quelle der Freude

Während die Geburt Jesu den Gottlosen viel zu schaffen macht, ist sie doch für uns eine Quelle reiner, ungetrübter Freude. Seine Kreuzigung verfolgen wir mit viel Betrübnis, aber aus seiner Geburt in Bethlehem leiten wir nur Trost und Freude ab. Das Lob der Engel war eine sehr passende Begleitung des freudigen Ereignisses, und wenn die ganze Welt mit Friede und Wohlgefallen erfüllt wird, so sind das die ganz natürlichen Folgen der Herablassung unseres Gottes. Die Sterne von Bethlehem sind keine Trauerlichter. Wir dürfen mit ungeteilter Freude singen: »Ein Kind ist uns geboren, ein Sohn uns gegeben« (Jes 9,5).

Wenn der Ewige vom Himmel herabkommt und unser Fleisch und Blut annimmt, dann kann das nichts Böses für uns bedeuten. Gott, der Menschengestalt annimmt, ist nicht »Gott gegen uns«, sondern »Gott mit uns«. Wir dürfen das Kind in unsere Arme nehmen und wie Simeon sagen, dass wir das Heil Gottes gesehen haben (Lk 2,30).

Christi Menschwerdung kann unter keinen Umständen böse Folgen für uns haben. Ich wundere mich gar nicht, dass selbst weltlich gesinnte Menschen diesen großen Geburtstag mit Festessen und allerlei Veranstaltungen begehen. Wenn ihnen auch die geistliche Bedeutung dieses Festes nicht klar ist, so bringen sie mit ihren Aktivitäten doch zum Ausdruck, dass es Gutes bedeutet. Wir dagegen freuen uns beständig über die Ankunft des Friedefürsten und finden in der Menschwerdung unseres Herrn eine tiefe Quelle der Freude, nicht nur zu Weihnachten.

Denen, die wahrhaftig zum Volk Gottes gehören, ist die Menschwerdung Christi ein Gegenstand des Glücks und der Dankbarkeit. Wer sich damit beschäftigt, wächst fortwährend in der Erkenntnis seiner Person, so wie Flüsse beständig breiter und tiefer werden, je mehr Bäche sich in sie ergießen. Die Geburt Jesu bringt uns nicht nur eine bestimmte Hoffnung, sondern die unzweifelhafte Gewissheit guter Dinge. Wir sprechen vom Ersten Kommen Jesu nicht nur im Blick darauf, dass er menschliche Gestalt angenommen hat, sondern auch hinsichtlich der Tatsache, dass er sich mit uns einsgemacht hat. Er ist eins mit allen, die an seinen Namen glauben.

Wenn wir wirklich an ihn glauben, sollten wir uns freuen: Er hat uns zu der Annahme des Vorrechts gebracht, in die Familie seines Vaters aufgenommen worden zu sein. Denn der Vater sagt zu allen Gläubigen: »… Ich werde euch aufnehmen; und ich werde euch zum Vater sein, und ihr werdet mir zu Söhnen und Töchtern sein, spricht der Herr, der Allmächtige« (2Kor 6,17b-18). Hat er das gesagt, so haben wir alle Ursache, uns darüber zu freuen.

Von einer Frau geboren

Die Geburt Jesu war bis in die kleinsten Einzelheiten hinein die Erfüllung alter Prophezeiungen. Jesaja hat seine wunderbare Empfängnis vorausgesagt: »Siehe, die Jungfrau wird schwanger werden und einen Sohn gebären« (7,14). Dieser Ausspruch findet in der ganzen Heiligen Schrift nicht seinesgleichen. Von keiner anderen Frau konnte das gesagt werden als von der Jungfrau Maria, und von keinem anderen Mann als von Jesus konnte es geschrieben werden, dass seine Mutter eine Jungfrau sein sollte. Wie die Frau im Garten Eden durch ihre Verwegenheit zuerst der Versuchung erlag, so bestimmte Gott nun, dass von einer Frau, und zwar von einer Frau allein, der kommen sollte, der Gott und Mensch zugleich ist, um das Menschengeschlecht zu erlösen. Die erste Verheißung, die wir in der Heiligen Schrift finden, bezieht sich nicht auf des Mannes Samen, sondern auf den Samen der Frau, welcher der Schlange den Kopf zermalmen sollte (1Mo 3,15).

Sodann sollte Jesus Christus nicht der Sohn des Mannes, sondern der Frau sein, weil alles, was auf natürliche Weise vom Fleisch gezeugt wird, Fleisch, nur Fleisch, sündiges Fleisch ist, das die

Sündigkeit und die Missetaten der Menschen vererbt. So würde ja Jesus in Sünden empfangen und geboren sein, und das ging nicht an. Daher entstammte er nicht dem Willen des Mannes, sondern der Heilige Geist überschattete Maria, sodass Jesus als der einzige Mensch sagen konnte: »Ich bin rein.« Adam ging ja auch rein aus Gottes Hand hervor, aber Christus blieb in seiner Reinheit, während Adam sie bald verließ.

O wunderbarer Anblick, lasst uns stillstehen und uns darüber freuen! Das Kind einer Jungfrau – welch eine Verbindung! Da finden wir das Endliche und die Unendlichkeit, das Sterbliche und die Unsterblichkeit, die Verderbtheit und die Unverdorbenheit, die Menschheit und die Gottheit; die Zeit vermählt sich mit der Ewigkeit, Gott ist verbunden mit der Kreatur. Die Unendlichkeit des allgewaltigen Schöpfers erwählt dieses Pünktchen im Weltall, die Erde, um darauf zu wohnen. Der große Unendliche, den die Erde und alle Himmel nicht fassen können, der liegt in den Armen einer Mutter. Er, der die Säulen des Weltalls gründete und die Nägel der Schöpfung einschlug, er liegt an der Brust einer Sterblichen und müsste umkommen, wenn sie sich weigerte, ihm die Nahrung zu reichen. O wunderbare Empfängnis! O geheimnisvolle Geburt!

Jesaja sprach nicht von einer Prinzessin, die schwanger werden und einen Sohn gebären soll, sondern von »einer Jungfrau«. Ihre Jungfrauschaft war ihre höchste Ehre. Gewiss, Maria war von königlicher Abstammung; sie konnte David und Salomo zu ihren Vorfahren rechnen. Man darf sie auch nicht im Blick auf Geist und Bildung zu den Minderwertigen rechnen. Ich nehme an, dass sie große geistige Kraft besaß, sonst hätte sie nicht einen solchen schönen Lobgesang verfassen können, der mit den Worten beginnt: »Meine Seele erhebt den Herrn« (Lk 1,47). Protestanten sollen sich hüten, sie herabzusetzen, weil Katholiken sie zu hoch achten und sogar Gebete an sie richten. Wir dürfen sie nicht verachten, denn »von nun an werden mich glückselig preisen alle Geschlechter« (1,48). Ich denke, auch die Protestanten sollten sich zu denen rechnen, die in diesem Vers angesprochen sind.

Wenn sie auch keine Prinzessin war und keine Himmelskönigin ist, zu der Katholiken sie gemacht haben, so hätte sie wohl ein Recht, sich unter die Königinnen der Erde rechnen zu lassen. Und wenn sie auch nicht die Herrin unseres Herrn ist, so steht sie doch an der Spitze der berühmten und großen Frauen der Heiligen Schrift.

Die Geburt Jesu Christi war jedoch eine sehr bescheidene. Der Herr der Herrlichkeit wurde nicht in einem Palast, sondern in einem Stall geboren. Ihr Fürsten, Christus schuldet euch nichts. Er wurde nicht in Purpur gehüllt, ihr hattet keine goldene Wiege für ihn hergestellt. Auch ihr mächtigen Städte, die ihr damals groß und berühmt wart, könnt euch nicht rühmen – seine Füße wandelten nicht durch eure Marmorpaläste! Er kam aus einem armen und verachteten Dorf, aus Bethlehem. Und selbst dort wurde er nicht im besten Zimmer des Dorfältesten, sondern in einem Stall geboren und in eine Krippe gelegt. Die Überlieferung sagt uns, dass die Krippe in den Felsen gehauen gewesen sei. Dort lag er, und die Ochsen kamen und fraßen aus derselben Krippe ihr Futter. O wunderbare Herablassung, dass unser geliebter Jesus sich so mit Demut gürtete und sich so tief zu uns herabließ!

Aber lasst uns aus dieser Tatsache Mut fassen. Wenn Jesus in einer in den Felsen gehauenen Krippe gelegen hat, warum sollte er dann nicht auch in unserem harten Herzen wohnen können? Wenn Christus in einem Stall geboren wurde, warum sollte da nicht auch der Stall unseres Herzens zu seiner Behausung geeignet sein? Wenn er in Armut geboren wurde, dürfen dann nicht die geistlich Armen erwarten, dass er ihr Freund sein will? Wenn er solche Erniedrigung erlebte, wird er es dann für eine Unehre halten, zu den Ärmsten und Bescheidensten seiner Kreaturen zu kommen und bei seinen Kindern zu wohnen? O nein! Wir können uns angesichts seiner einfachen Herkunft trösten und uns freuen, dass nicht eine Königin oder Kaiserin, sondern eine einfache Frau die Mutter des Herrn der Herrlichkeit wurde.

Unser Herr war so arm, dass seine Mutter, als sie ihn im Tempel darstellen wollte, nicht ein Lamm darbringen konnte, sondern sich mit dem Opfer der ärmeren Leute, einem Paar Turteltauben oder zwei jungen Tauben, begnügen musste. Sie kam also als eine arme Frau, und Jesus wurde vor Gott dargestellt als das Kind einer armen Frau. Hierin liegt für einfache Leute ein großer Trost. Wenn ich sehe, wie der Herr der Herrlichkeit und der Fürst über die himmlischen Heerscharen sich so tief herabließ, dass eine arme Frau ihn in ihren Armen hielt und ihn ihr Baby nannte, dann sage ich mir, dass es ein Heil gibt für die einfachsten, ärmsten und am tiefsten gesunkenen Leute. Ja, Jesus, der Zimmermannssohn, bedeutet Heil für die Zimmerleute und alle anderen Leute ohne anerkannten Rang und Stand!

Arm um unsertwillen

Es war kein Grund vorhanden, dass Christus arm sein musste, ausgenommen um unsertwillen. Einige Leute sind stets arm gewesen, und es scheint, als ob sie trotz der ernstesten Anstrengungen nie aus der Armut herauskommen werden. Aber von unserem Herrn Jesus kann tatsächlich gesagt werden: »Er war reich.« Geht in Gedanken zurück in die Herrlichkeit der Ewigkeit, da er als wahrer Gott von wahrem Gott bei seinem Vater lebte. Er war so reich, dass er von keinem Engel abhängig war, zumal die himmlischen Wesen ja erst auf sein Wort hin ins Dasein gerufen worden waren. Der Himmel war sein Wohnplatz, aber er hätte zehntausend Himmel schaffen können, wenn er es gewollt hätte. Seine größten Wunder, die er vollbrachte, waren nur kleine Proben der Dinge, die er hätte tun können, wenn er es gewollt hätte.

In seiner Hand lag die Möglichkeit, unermessliche und unbegreifliche Schätze zu erwerben. Aber er legte das alles beiseite. Er verleugnete die Macht, sich selbst zu bereichern, und kam auf die Erde, um zu retten und zu segnen. Seine Armut war ganz und gar freiwillig. Ihn trieb nichts anderes als seine Liebe, die ihn auf die Erde kommen ließ. Was ihn betrifft, so hätte er es nie nötig gehabt, arm zu werden. Er wurde es, weil wir uns in großer Armut befanden und er uns so sehr liebte, dass er alles verlassen musste, um unsere Armut in ewigen Reichtum zu verwandeln.

Die Armut unseres Herrn war eine sehr spürbare Armut. Niemand kann den Stachel der Armut so sehr empfinden wie derjenige, der einst sehr reich war. Wenn ein König so tief herunterkommt, dass er betteln muss, weiß er, was Armut heißt. Wer einmal große Gutsherrschaften mit vielen tausend Hektar Ackerland besaß und dann einen Unterschlupf in einer zerfallenen Hütte suchen muss, der spürt die Armut. So war es mit unserem Heiland. Er war außerordentlich reich gewesen. Ja, unser Wort »reich« ist zu eng und klein, um all die Schätze zu beschreiben, die Jesus besaß. Man hat das Gefühl, dass unser Wort »reich« ein sehr armes Wort ist, wenn man dabei an all die himmlischen Herrlichkeiten denkt. Jesus war unermesslich reich. Wenn er daher unsere Armut auf sich nimmt, so war das eine Last, die er schwer auf seinen Schultern spürte. Der Unterschied zwischen dem reichsten und dem ärmsten Menschen ist nichts im Vergleich zwischen dem Christus der Herrlichkeit und dem Christus der Erniedrigung. Du bist weder imstande, seinen Reichtum noch seine Armut zu beschreiben. Du hattest nie eine

Ahnung davon, wie reich er als Gott war, und du bist auch außerstande, dir einen Begriff davon zu machen, wie arm er war, als er am Kreuz ausrief: »Mein Gott, mein Gott, warum hast du mich verlassen?« (Mt 27,46).

Es bedeutete für Christus große Armut, Mensch zu sein. Die Menschheit ist etwas sehr Ärmliches, wenn du ihr die Gottheit gegenüberstellst. Welch kleines Fleckchen füllt der Mensch aus! Aber Gott ist unendlich. Wie wenig kann ein Mensch tun! Aber Gott ist allmächtig. Wie wenig weiß der Mensch! Und Gott ist allwissend. Wie sehr ist der Mensch an den Ort gebunden! Und Gott ist allgegenwärtig. Ich sage nicht, dass Jesus je aufhörte, Gott zu sein, aber wir wissen, dass er Mensch wurde. Und indem er Mensch wurde, wurde er arm im Vergleich zu seiner Gottheit.

Doch nicht genug damit, dass er Mensch wurde – er wurde auch ein armer Mensch. Er hätte in Marmorhallen geboren werden und sein Zepter über alle Reiche der Welt strecken können. Aber stattdessen war er bekannt als der Zimmermannssohn. Seine Mutter war eine einfache Jüdin, sein Geburtsort ein Stall – wahrlich eine sehr einfache Umgebung für den König der Könige auf Erden. Seine Kindheit verbrachte er in einer Zimmermannswerkstatt. Später waren seine Gefährten zum größten Teil arme Fischer, und für seinen Unterhalt war er abhängig von den Gaben seiner Nachfolger.

Der Apostel Paulus schrieb an die Gemeinde Gottes in Korinth und an alle, die den Namen des Herrn Jesus anrufen: »Da er reich war, [wurde er doch] um euretwillen arm … damit ihr durch seine Armut reich würdet« (2Kor 8,9). Wenn denn nun die Armut Christi von dieser Art war, wie groß muss der Reichtum seines Volkes sein! Wenn unser Reichtum im Verhältnis zu seiner Armut steht, wie reiche Leute sind wir dann! Er war so arm, wie ein Armer nur sein konnte, und wir, wenn wir an ihn glauben, sind so reich, wie ein Reicher nur sein kann. So tief er herabstieg, so hoch werden wir erhoben. Das ist die Waage des Heiligtums: Er sinkt, wir steigen auf.

Siehe, ich komme

»Siehe, ich komme«, spricht Jesus (Hebr 10,7). Somit ist er sein eigener Herold. Er wartet nicht auf einen beredten Prediger, der sich als sein Oberzeremonienmeister aufspielt, sondern führt sich selbst ein. Du brauchst nichts zu tun, um Christi Aufmerksamkeit auf dich zu lenken, denn er lenkt deine Aufmerksamkeit auf sich. Du bist der Blinde, und er hält sein Auge beständig auf dich gerichtet und bittet dich, auf ihn zu schauen. Während du ihn bittest, dass er dich ansehen möge, bittet er dich: »Erhebe deine Augen zu mir.«

Zu vielen Männern und Frauen ist Christus gekommen, obgleich sie ihn gar nicht annehmen wollten. Ja, er ist selbst zu solchen gekommen, die ihn gehasst haben. Saulus von Tarsus war unterwegs, die Heiligen in Damaskus zu quälen, aber Jesus sagte: »Siehe, ich komme«, und als er vom Himmel niederschaute, verwandelte er Saulus, den Verfolger, in Paulus, den Apostel. Immer wieder hat sich das gnadenreiche Wort erfüllt: »Ich bin gesucht worden von denen, die nicht nach mir fragten; ich bin gefunden worden von denen, die mich nicht suchten. Ich sprach: Hier bin ich, hier bin ich!, zu einer Nation, die nicht mit meinem Namen genannt war« (Jes 65,1). Darin offenbart sich die Souveränität seiner Liebe in ihrem höchsten Grade. Die Gnade führt das Regiment. »Siehe, ich komme« ist die Ankündigung der majestätischen Gnade, die nicht von den Bemühungen der Menschen abhängig ist.

Schon ehe er kam, erfreuten sich seine Gedanken an seiner Menschwerdung. Die höchste Weisheit sagt: »Meine Wonne war bei den Menschenkindern« (Spr 8,31). Glücklich, wie er in der Nähe seines Vaters war, sah er doch in die Zukunft und betrachtete seine Menschwerdung als eine Vermehrung seines Glücks. Kann das sein? Konnte der Sohn Gottes glücklicher sein als zu der Zeit, da er sich im Himmel befand? Als Gott war er unermesslich glücklich. Aber er wollte auch das Menschenleben kennenlernen. Seine Gottheit ist allumfassend und erstreckt sich auf alle Bereiche, und doch konnte seiner ewigen Existenz als wahrer Gott noch eine Facette hinzugefügt werden. Unser Meister konnte zu seiner göttlichen Natur noch das Menschsein hinzufügen. Er wollte als ein Mensch leben, leiden und triumphieren und doch Gott bleiben. Darum blickte er vorwärts mit einer Freude, die unbeschreiblich ist und die man nur dann ansatzweise verstehen kann, wenn man einen Blick in seine Liebe getan hat. Er hatte sein Herz seiner Braut so umfassend zugewandt, dass er imstande war, alles für sie zu tun. Die Liebe unseres Herrn übersteigt all unser Denken und Ausdrucksvermögen.

Wenn er erscheint, tut er es als der persönliche Herr. Legt einen Augenblick den Nachdruck auf das Wörtchen *ich.* »Siehe, *ich* komme.« Der unendlich große Gott, Christus selbst, tritt in Erscheinung. »Siehe, ich komme.« So hätte niemand anders reden dürfen. Weder ein Prophet noch sonst ein Knecht Gottes hätte sagen dürfen: »Siehe, ich komme.« Geheiligte Menschen sprechen nicht so. Gottes Propheten und Apostel haben eine bescheidene Meinung von sich und ihrer Stellung. Sie rühmen nie sich selbst, wenn sie auch manchmal den Dienst rühmen, zu dem sie berufen sind. Nur Gott darf sagen: »Siehe, ich komme.« Er, der das sagt, nimmt den Leib, der für ihn bereitet ist, und kommt in seiner eigenen Person als »Ich bin«. Er kommt aus den »elfenbeinernen Palästen«, um in den Zelten der Menschen zu wohnen. Er stellt sich dar in seiner fleckenlosen Persönlichkeit, um den Willen Gottes zu tun.

»Siehe, ich komme«, das ist kein dumpfer Grabgesang. Es ist mir, als hörte ich die silbernen Trompeten (vgl. 4Mo 10) erklingen: »Siehe, ich komme.« Diese Worte lassen einen frohen Grundton und eine unzweideutige Klarheit erkennen.

Das Kommen des Herrn war für ihn ein Schritt äußerster Bereitwilligkeit. »… der, die Schande nicht achtend, für die vor ihm liegende Freude das Kreuz erduldete« (Hebr 12,2). Dies war kein heimlich vollbrachtes Werk. Er rief den Himmel auf, zuzuschauen, wie er menschliche Gestalt annahm, und forderte die Erde heraus, dieses heilige Geheimnis zu betrachten.

Der Herr Jesus ist der Weg zu sich selbst. Hast du je darauf geachtet? Er kommt selbst zu uns, und so wird er der Weg, auf dem wir zu ihm kommen. Er sagt: »Ich bin der Weg« (Joh 14,6). »Er ist unser Friede« (Eph 2,14) und der Weg zu unserem Frieden. Du sagst, dass du wissen möchtest, wie du zu Jesus kommen kannst. Du brauchst nicht zu ihm zu kommen, denn er kommt zu dir. Du tust gut daran, wenn du zu Jesus kommst; das ist jedoch nur möglich, weil Jesus zu dir kommt. Jesus ist dir nahe, er ist dir *jetzt* nahe. Du Abtrünniger, er kommt jetzt zu dir! Du irrende Seele, die du der Verzweiflung nahe bist, der Gute Hirte ruft: »Siehe, hier bin ich! Siehe, ich komme!«

Und er ist auch selbst der Segen, den er bringt. Jesus bringt uns nicht nur Leben und Auferstehung, sondern er selbst ist die Auferstehung und das Leben (Joh 11,25). Christus ist das Heil, und alles, was zum Heil nötig ist, findet sich in ihm. Wo er einkehrt, da kehrt mit ihm, noch besser ausgedrückt: *in ihm* alles Gute ein. Ein Gottsucher sagte einmal zu einem Prediger: »Was mir vor allen Dingen nottut, ist eine tiefere Sünden-Erkenntnis.« »O nein, mein Freund«, lautete die Antwort, »was Ihnen am meisten nottut, ist, dass Sie Ihr Vertrauen auf Jesus setzen, denn er sagt: ›Kommt her zu mir.‹« Das Kommen zu Jesus, oder besser: die Aufnahme Jesu, der zu uns gekommen ist, umfasst den einen wesentlichen Schritt zur Annahme des ewigen Lebens.

Vor das Wort: »Kommt her zu mir«, hat Jesus das andere gesetzt: »Siehe, ich komme.« Du armer Mensch, der du so viele Hindernisse siehst: Kannst du nicht zu Jesus kommen, so bitte ihn, dass er zu dir kommt. Er wird es tun. Du liegst also da und befindest dich schon seit Jahren in einem traurigen Zustand und hast niemanden, der dir in das Wasser hilft (vgl. Joh 5,1-9), und kämest du auch hinein, so würde es dir doch wenig nützen. Aber Jesus kann dich heilen, und er ist völlig bereit dazu. Du kannst weder Hand noch Fuß bewegen, denn du bist geistlich gelähmt. Aber dein Fall ist nicht hoffnungslos. Jesus sagt: »Siehe, ich komme.« Er ist nicht gelähmt. Und wenn ein ganzer Berg von Hindernissen sich zwischen dir und ihm auftürmte, er kann ihn übersteigen. Ich weiß, dass mein Herr zu mir kam, sonst wäre ich nie zu ihm gekommen. Warum sollte er nicht auch zu dir kommen? Spürst du nicht, wie er sich dir nähert? Oh, verschließe dein Herz nicht vor ihm!

Voller Gnade und Wahrheit

Johannes beschreibt das Kommen Jesu mit den Worten: »Das Wort wurde Fleisch und wohnte unter uns (und wir haben seine Herrlichkeit angeschaut, eine Herrlichkeit als eines Eingeborenen vom Vater) voller Gnade und Wahrheit« (Joh 1,14). In Jesus Christus können alle Eigenschaften Gottes wahrgenommen werden; wenn auch etwas verhüllt, so sind sie doch tatsächlich erkennbar. Du musst nur die Evangelien lesen und die Augen dabei offen halten, und du siehst in Christus alles, was wir mit unseren Augen von Gott schauen können. Es ist durch das menschliche Fleisch verdeckt, aber das muss sein, denn ein direktes Schauen Gottes ist uns jetzt unmöglich. Es ist für solche trüben Augen, wie die unseren nun einmal sind, gnädig verhüllt. Aber die Gottheit ist eindeutig vorhanden – die vollkommene Gottheit in Verbindung mit dem vollkommenen Menschsein Jesu Christi, unseres Herrn, dem sei Ehre von Ewigkeit zu Ewigkeit.

Die beiden Dinge, die in Jesus so klar wie sonst nirgends zu sehen sind, heißen *Gnade und Wahrheit*. Jesus kam nicht nur, um uns von der Gnade und Wahrheit zu erzählen, sondern er brachte uns tatsächlich die Gnade und die Wahrheit. Andere kamen als Boten gnadenreicher Zeiten, doch er kam und brachte uns die Gnade. Andere lehren uns die Wahrheit, aber Christus ist die Wahrheit. Er ist die Gnade und Wahrheit, von der die anderen reden. Jesus ist nicht bloß derjenige, der Gnade und Wahrheit in seiner Lehre weitergibt oder mahnt, diese himmlischen Dinge in Anspruch zu nehmen. Er wirkt sie nicht nur, sondern sie sind in ihm, er ist von ihnen erfüllt.

Christus hat uns Gnade und Wahrheit in überfließendem Maße gebracht, und diese beiden vereinigen sich zu der Fülle von Gnade und Wahrheit, die uns jetzt zuströmt. Das bedeutet wirkliche Gnade, nicht bildliche Gnade oder geträumte Gnade oder erhoffte Gnade, sondern Gnade, in der ausnahmslos alles wahrhaft und wirklich ist. Da finden wir Erlösung, die wirklich losmacht, Vergebung, welche die Sünden austilgt, Erneuerung, die wirklich zur Wiedergeburt führt, und Heil, das vollkommen rettet. Wir haben in Christus nicht bloße Schatten der Segnungen, die das Auge täuschen und die Seele betrügen, sondern die wahrhaftigen, wesenhaften Gnadengüter eines Gottes, der nicht lügen kann.

Christus kam, um uns Gnade und Wahrheit zu bringen, und zwar nicht eine Wahrheit, die untersucht, verdammt und straft, sondern eine Wahrheit voller Gnade; Wahrheit, die in Liebe gekleidet ist und als solche einherschreitet, Wahrheit, die mit Barmherzigkeit getränkt ist. Die Wahrheit, die Jesus bringt, hat ihren Anfang am Gnadenthron. Für Gottes Volk ist Gnade in allem, was über die Lippen Jesu kommt. Seine Lippen sind wie Lilien, die von lieblich duftendem Balsam träufeln. Bei ihm mischen sich Gnade und Wahrheit in der wunderbarsten Weise und bestimmen sich gegenseitig. Die Gnade ist ganz wahr, und die Wahrheit ist durch und durch gnadenreich. Dies ist eine wunderbare Mischung, hergestellt in der göttlichen Apotheke. Wo wäre Gnade je so wahr und Wahrheit je so voller Gnade gewesen?

Darüber hinaus stellen wir fest, dass Gnade und Wahrheit *gleichmäßig in Christus verteilt* sind. Er ist voll Gnade, dabei hat er aber nicht die etwas ernster dreinschauende Wahrheit vernachlässigt. Ich habe Leute kennengelernt, die äußerst liebevoll waren, aber dabei ein wenig von der Wahrheit abwichen. Andererseits begegnete ich Leuten, die sich als peinlich ehrenhaft und wahr erwiesen, aber dabei nicht freundlich und höflich waren. Aber in dem Herrn Jesus findet sich nach keiner von beiden Seiten ein Mangel. Er ist so voll Gnade, dass er die Zöllner und Sünder zu sich einlädt, und er ist so voll Wahrheit, dass er den Heuchlern und

Pharisäern entschieden entgegentritt. Er verbirgt keine Wahrheit vor den Menschen – so schrecklich sie auch sein mag –, sondern erklärt klar und bestimmt, dass der Zorn Gottes über alles ungerechte Wesen entbrannt ist. Wenn er jedoch solche schrecklichen Wahrheiten aussprach, tat er es in einer so zarten und gnädigen Weise, mit so vielen Tränen des Mitleids für die Unwissenden und Irregeleiteten, dass man ebenso sehr durch seine Gnade gewonnen wurde, wie man sich durch seine Wahrheit überzeugen ließ. In seinem Dienst lässt der Herr nicht nur Gnade und nicht bloß Wahrheit erkennen, sondern beides ist gleichmäßig verteilt. Gnade und Wahrheit zugleich. Der Herr ist beides in einer Person, König der Gerechtigkeit und König des Friedens. Er rettet weder ungerechterweise, noch verkündigt er die Wahrheit mit lieblosem Herzen. Gnade und Wahrheit sind gleichermaßen in ihm erkennbar.

Aber diese Eigenschaften sind auch *in Fülle* in unserem Herrn vorhanden. Er ist »voller Gnade«. In seiner Person ist die unermessliche Gnade Gottes aufgespeichert. Gott hat in Christus für uns über Bitten und Verstehen gehandelt. Es ist uns unmöglich, uns jemanden vorzustellen, der noch gnädiger sein könnte, als Gott es in Christus war. Und mit der Wahrheit verhält es sich ebenso. Wenn er zu uns kommt als die Offenbarung Gottes, so bringt er uns nicht einige Wahrheiten, sondern die ganze Wahrheit. In Christus wohnt die Fülle der Gottheit, und alles, was Gott sagt, ist wahrhaftig und recht und gut. Es wird uns keine Wahrheit verheimlicht, die uns in Unruhe versetzen oder unser Vertrauen auf Christus erschüttern könnte. Es wird aber auch keine Wahrheit zurückgehalten, die unsere Gewissheit hätte steigern können. Er sagt über die Herrlichkeit im Haus seines Vaters zu seinen Jüngern: »Wenn es nicht so wäre, hätte ich es euch gesagt« (Joh 14,2). Frage nicht wie Pilatus: »Was ist Wahrheit?« (18,38), sondern erblicke sie in Gottes geliebtem Sohn. Alle Wahrheit und alle Gnade wohnen in Christus ohne Maß, damit wir mit endloser Freude erfüllt werden.

Unser Herr Jesus Christus ist auch darin voll Gnade und Wahrheit, dass er in den Tatsachen, die unsere Rettung betreffen, *von absoluter Sicherheit* ist. Ich weiß wohl, dass die Welt das Heil in Christus für einen schönen Traum, für ein Stück Gefühlsseligkeit hält, und doch ist gar nichts Träumerisches darin, es ist etwas durchaus Gewisses und Sicheres; es ist die sicherste Tatsache, die es gibt. Weder beschönigt der Herr noch verheimlicht er die Lage des Menschen, um ihn zur Annahme des Heils zu bewegen. Nach seinen Worten lastet auf dem Menschen der Fluch der Sünde, weil dessen Übertretungen so groß sind. Und da Christus der Stellvertreter des Menschen ist, nimmt er die schwere Strafe auf sich und stirbt an des Sünders statt. Der Herr sieht den Sünder als verderbt, ja, als tot in Vergehungen und Sünden (Eph 2,1) an, aber er erweckt ihn zu neuem Leben durch sein eigenes Auferstehungsleben. Er verschließt nicht die Augen vor den Folgen des Sündenfalles, sondern er kommt zu dem toten Sünder und gibt ihm das Leben. Er berührt das kranke Herz und heilt es.

In meinen Augen ist das Evangelium die Verkörperung allmächtiger Weisheit und Wahrheit. Wenn das Evangelium sagen würde: »Das Gesetz Gottes ist ohne Zweifel gerecht, aber es ist zu ernst und zu finster und nimmt es zu genau, daher ist Gott bereit, bei vielen Sünden die Augen zuzudrücken und einen großen Teil der Strafe zu erlassen«, dann wären wir beständig in einer gefährlichen Lage. Wenn Gott ungerecht sein könnte, um uns zu retten, dann wäre es auch möglich, dass er Veränderungen unterworfen ist und uns verstößt. Wenn an dem göttlichen Heilsplan irgendetwas faul wäre, dann müssten wir fürchten, dass er uns zu guter Letzt doch noch im Stich lässt.

Aber das Gebäude ist sicher, und sein Grund ist gewiss; denn der Herr hat es auf den Fels gestellt.

Er hat alle Gefühle und Täuschungen verachtet und die Wahrheit und Bedeutung seines Heils in jeder Beziehung unter Beweis gestellt. Es sind ein herrliches Heil sowie Gnade und Wahrheit – geistliche Güter, in denen Gott den Sünder nimmt, wie er ist, und mit ihm handelt, wie er ist. Er handelt mit ihm nach den Grundsätzen der wahren Gerechtigkeit, und doch rettet er ihn, weil er mit ihm nach dem Recht der Gnade handelt. Und diese Gnade weckt in uns eine Menge von Hoffnungen, die alle verwirklicht werden, weil sie auf Gottes Wahrheit gegründet sind.

Wir haben alle genommen

Johannes sagt nicht nur, dass der Herr Jesus »voller Gnade und Wahrheit« ist, sondern fügt auch hinzu: »Denn aus seiner Fülle haben wir alle empfangen, und zwar Gnade um Gnade« (1,16). Nicht nur einzelne Gläubige, sondern *alle* haben von ihm empfangen. Auch haben sie nicht einen Teil ihrer Segnungen von ihm erhalten, sondern alle Segnungen, die sie je genossen, kamen von ihm.

Es würde ein wundervoller Anblick sein, wenn wir sehen könnten, wie die lange Reihe der Erwählten, die gottselige Schar der Apostel und das edle Heer der Märtyrer, die einst weinende und jetzt jubilierende Menge der Erlösten, an uns vorüberziehen würden. Im Geist sehe ich sie. Seht, dort gehen sie! Sie sind alle angetan mit weißen Kleidern, die Palme des Sieges in ihren Händen. Wenn ihr diesen langen Zug jedoch anhaltet, so findet ihr auch nicht einen darunter, der sagt, dass er die empfangenen Segnungen einem anderen als dem Herrn Jesus verdankte. Oder meint ihr, es wäre jemand darunter, der sagte: »Ich empfing den ersten Segen von Christus, aber es flossen mir auch Segnungen aus anderen Quellen zu«? Das ist undenkbar! Vielmehr wird die einstimmige Auskunft dieser heiligen Schar lauten:

»Aus seiner Fülle haben wir alle empfangen, und zwar Gnade um Gnade.« Mein inneres Auge sieht die unzählbare Schar dieses denkwürdigen Zuges vorüberschreiten. Ich sehe, wie jeder der Seligen sich vor dem Thron des Lammes niederwirft und wie sie alle zusammen rufen: »Aus seiner Fülle haben wir alle empfangen, und zwar Gnade um Gnade.« Wer wir immer sein mögen, wie treu wir auch dem Herrn gedient haben, welche ehrenden Anerkennungen wir uns auch erworben haben mögen, die Ehre gebührt doch ganz allein dem Herrn, der uns tüchtig machte, den Lauf zu vollenden und den Glauben zu bewahren (2Tim 4,7). Wir müssen auch ausrufen: »Nicht uns, HERR, nicht uns, sondern deinem Namen gib Ehre, um deiner Güte, um deiner Wahrheit willen!« (Ps 115,1).

Welch eine herrliche Wahrheit liegt hier doch vor uns, dass alle Heiligen aller Zeiten genau das waren, was auch wir nur sein können: *Empfänger*! Auch nicht einer von ihnen brachte ein Verdienst mit zu Christus, sondern sie empfingen alles von ihm. Wenn sie in diesem Augenblick ihre Kronen zu Jesu Füßen niederwerfen, dann sind es Kronen, die sie von ihm zuvor empfangen haben. Ihre weißen Kleider sind den Schränken seiner Braut-Ausstattung entnommen. Das ganze Wesen unserer Nachfolge besteht im Empfangen und Nehmen. Es ist auch kein einziger Glückseliger im Himmel, der davon spricht, was er dem Herrn gab. Niemand spricht von dem, was durch ihn geschah, sondern alle ohne Ausnahme legen Zeugnis davon ab, dass sie Empfänger waren.

Dieses Wort macht unsere ganze Selbstgefälligkeit zuschanden. Was? Ist nicht ein einziger Heiliger zu finden, der ein wenig eigene Gnade hatte? Ist in der großen unzählbaren Schar nicht ein Einziger, der sich selbst mit dem versorgen konnte, was er brauchte? Nein, auch nicht einer! Blickte nicht der eine oder der andere auf die Werke des Gesetzes? Nein, sie alle gingen zu Jesus und seiner Gnade, keiner wandte sich an Mose und das Gesetz. Vertraute niemand auf irdische Priester und ihre Salbung? Beugte sich niemand vor den »Heiligen Vätern«, um von ihnen Absolution zu empfangen? Ihr werdet auch nicht ein Wort über diese Herren noch eine Silbe über die Anrufung der Heiligen hören. Was ihr aber zu hören bekommt, lautet: »Wir haben alles Heil aus der Fülle dessen empfangen, der alles in allem erfüllt.«

Alle Heiligen empfingen überschwänglich viel aus der Fülle Christi. Sie nahmen tatsächlich aus seiner »Fülle«, und sie nahmen reichlich, wie das Wort auch zu sagen scheint. Es ist wichtig, dass man hierbei verweilt, weil es die wunderbare Einfachheit veranschaulicht, in der das Heil zu uns kommt. Es ist ein Nehmen. Nun, das Nehmen ist eine einfache Sache. Es gibt viele Dinge, die du nicht tun kannst, aber, mein teurer Freund, du könntest doch sicherlich ein Goldstück annehmen, wenn es dir angeboten würde? Es gibt keinen vernünftigen Menschen, weder Mann noch Frau noch Kind, der nicht imstande wäre, zu nehmen. Und das ist es ja, was du zur Errettung brauchst: Nimm, was Jesus dir anbietet!

Da ist die Hand eines Bettlers. Sie ist durchaus unfähig, einen Brief zu schreiben, aber sie ist vollkommen fähig, eine Gabe zu empfangen. Versuch es nur einmal, und du wirst sehen, dass der Bettler es kann. Sieh auf diese Hand! Du siehst, wie sie zittert, aber trotzdem ist sie imstande, zu empfangen. Manche gichtbrüchige Hand hat viele Gaben empfangen. Aber da sehe ich eine Hand, die nicht allein schwarz und gichtbrüchig, sondern auch noch reichlich mit Geschwüren bedeckt ist. Selbst diese Hand kann nehmen! Auf diese Weise wurden alle heiligen Kinder Gottes gläubig und Erben des ewigen Lebens, indem sie das taten, was ich soeben von dieser aussätzigen Hand sagte. »Was … hast du, das du nicht empfangen hast?« (1Kor 4,7). In Johannes war nichts, was er nicht von seinem

Meister empfangen hatte. Selbst der edle Märtyrer Stephanus hatte nicht ein Körnlein Mut aus sich selbst, er hatte es von dem Herrn empfangen. Paulus, Apollos, Petrus – sie alle hatten nur das, was sie von dem Herrn empfangen hatten. Wenn sie denn alles vom Herrn empfingen, warum sollte uns nicht ein Gleiches zuteilwerden?

Nimmst auch du?

Haben wir im vorigen Abschnitt gesehen, dass die heiligen Männer Gottes und alle Erretteten alles von Gott empfingen, was sie hatten, so wollen wir doch in diesem Abschnitt auch ein wenig an uns selbst denken. Lieber Leser, hast auch du etwas aus der Fülle Christi empfangen? Bist du mit leeren Händen zu ihm gekommen und hast du ihn aufgenommen, damit er dein Alles würde? Ich weiß, was du zuerst getan hast. Du warst sehr geschäftig, alle deine guten Taten auf einen großen Haufen zusammenzutragen. Du hieltest sie alle für reines Gold. Dann aber sahst du ein, dass du von deiner Arbeit nicht satt werden könntest, und kamst schließlich arm und bloß zu Christus und sagtest zu ihm: »Mein großer Erretter, schenke du dich mir, und ich will den Gedanken an all meine guten Werke fahren lassen. All mein Geben und Tun und Wirken zählt nicht mehr; ich nehme dich als mein Alles an.« Wenn das so ist, dann bist du errettet, lieber Freund, denn die Annahme Jesu ist der Anfang des neuen Lebens.

Die Fülle Gottes findet sich da, wo sie jeder nehmen kann, in Jesus, der sich nicht schämt, dich »Bruder« zu nennen, der Fleisch von deinem Fleisch und Bein von deinem Bein ist. Sie wohnt in ihm, der so gern gibt, denn er als Haupt des Leibes freut sich, wenn er allen seinen Gliedern Gnade um Gnade schenken kann. In ihm, der sich für dich hingegeben hat, wohnt alle Fülle, und alle diese Fülle gehört dir, seit er dein Eigen ist. Du brauchst nicht zu beten, als hättest du kein Anrecht auf die Segnungen, die du suchst. Christus ist der Verwalter aller Fülle Gottes, und diese Fülle ist seinem Volk testamentarisch vermacht. Du brauchst ihn nur zu bitten, und er gibt dir das, was bereits dein Eigen ist. Oder willst du noch zögern? Der Vater hat seine Gnade auf Christus übertragen, um dadurch seine Liebe zu seinem Sohn kundzutun. Es gefiel dem Herzen des großen Gottes, in Jesus die Fülle der Gottheit wohnen zu lassen, und jedes Mal, wenn Christus den Gläubigen neue Gnaden zueignet, ist sein Herz dadurch erfreut. Wie kannst du also zögern, wenn du nun weißt, dass es Gott gefällt, dich daran Anteil haben zu lassen! Du darfst nun mit großen Erwartungen kommen, denn dadurch wird Jesus geehrt. Wenn er von seiner Fülle an Sünder abgibt, wird er dadurch reicher, denn es sind wieder neue Menschen, die ihn dafür lieben. Du tust also geradezu Unrecht, wenn du denkst, du dürftest ihn nicht mit immer neuen Bitten bestürmen.

Wenn ich über diesen Punkt nachdenke, fällt mir auch die glückliche Stunde ein, als ich zum ersten Mal auf Christus blickte und erleuchtet wurde, als ich Gnade empfing von der Liebe dessen, der für mich starb, und wusste, dass mir vergeben ist. Erinnern sich nicht viele meiner Leser an ähnliche Erfahrungen? Ist es nicht auch deine Erfahrung, dass seit deiner Bekehrung jede Gnade, die du empfingst, aus seiner Fülle floss? Welche Erfrischung hast du aus deiner eigenen Zisterne geschöpft? Welchen Schatz hast du im eigenen Acker gefunden? Nacktheit, Armut, Elend, Tod – das sind die einzigen Besitztümer unserer eigenen Natur. Aber Leben, Reichtum, Fülle, Freude – das sind die Gaben der Gnade durch Christus. Bist du angenehm gemacht vor Gott? Gerechtfertigt? Geht es dir gut? Dann hat er dich bewahrt. Bist du geheiligt? Dann hat er dich gereinigt durch sein Blut. Weißt du durch seine Zusicherung, dass das Wohlgefallen deines Vaters auf dir ruht? Dann bist du ihm Dank dafür schuldig. Alles, was du hast und je haben wirst, und alles, was die Heiligen haben, die noch geboren werden sollen – alles ist empfangen und muss *empfangen* werden aus Christi Fülle.

Weißt du auch, dass du durch dieses beständige Nehmen von Christus einen großen Nutzen hast? Wie bin ich so dankbar, dass der Herr diese Fülle nicht in mich gelegt hat, denn dann würde ich mich nicht so oft gedrungen fühlen, meine Zuflucht zu ihm zu nehmen. Oder wenn ich zu ihm ginge, würde mein Gang gar nicht so dringlich sein. Jetzt aber darf ich jedes Mal, wenn ich an Christi Tür klopfe, sagen, dass ich ein sehr dringliches Anliegen habe. Wir gehen zu ihm, weil es nötig ist. Gibt es eine Stunde, in der ein Gläubiger nicht zu Jesus gehen müsste, um zu empfangen? Darum gehe, mein Lieber, recht oft zu ihm. Du ehrst ihn dadurch, du weckst das auf dir ruhende Wohlgefallen Gottes von Neuem – es bereichert dich in jeder Beziehung.

Hast du Raum für Jesus?

Der Palast, das Patrizierhaus und die Herberge hatten keinen Raum für Jesus. Hast du Raum für ihn? »Ja«, sagst du, »ich habe wohl Raum für ihn, aber ich bin nicht wert, dass er unter mein Dach kommt.« Oh, ich fragte nicht nach deiner Würdigkeit; ich fragte, ob du Raum für ihn hast.

»Ach«, sagt ein anderer, »ich fühle eine schmerzende Leere, die alle Welt nicht füllen kann.« Dann hast du Raum für Jesus. »Nein«, lautet deine Antwort, »der Raum, den ich habe, ist zu gewöhnlich.« Das war die Krippe in Bethlehem auch. – »Aber der Raum in meinem Herzen ist so unansehnlich.« Auch die Krippe bot einen unansehnlichen Anblick. – »Aber mein Herz ist so schmutzig.« Vielleicht war es die Krippe auch. – »Aber ich habe das Gefühl, dass mein Herz ein gänzlich unpassender Raum für Christus ist.« War denn die Krippe ein so passender Ort für ihn? Und doch wurde er hineingelegt. – »Aber ich war ein so großer Sünder. Mir ist, als sei mein Herz eine Höhle wilder Tiere.« Ja, der Stall war ein Ort, wo die Tiere Unterschlupf und Nahrung erhielten.

Ich wiederhole die Frage: »Hast du Raum für Jesus in deinem Herzen?« Dein früheres Leben spielt hier keine Rolle. Er kann vergeben und wird nie mehr daran gedenken. Der Schwerpunkt liegt auch nicht auf deinem gegenwärtigen Zustand, sondern darauf, ob du ernstlich deine Sünde bereust. Wenn du nur Raum für Jesus hast, dann will er zu dir kommen und bei dir wohnen. Sage bitte nicht: »Ich denke, ich werde Raum für Jesus bekommen«, das Evangelium lautet: »Heute, wenn ihr seine Stimme hört, verhärtet eure Herzen nicht« (Hebr 3,7b-8a). »Jetzt ist die wohlangenehme Zeit, siehe, jetzt ist der Tag des Heils« (2Kor 6,2). Noch Raum für Jesus! Noch Raum für Jesus!

»Ich habe Raum für Jesus«, sagt ein Leser, »aber wird er zu mir kommen?« Gewiss, er will kommen; wenn du nur die Tür deines Herzens öffnest und sagst: »Jesus, mein Retter, ich bin ganz unrein und unwürdig, aber ich blicke auf dich, ich traue dir, komm und wohne in meinem Herzen«, so wird er zu dir kommen und dein Herz reinigen. Ja, noch mehr, er wird aus der Krippe einen goldenen Thron machen, und dort wird er sitzen und regieren für alle Zeit und Ewigkeit. Wie springt mein Herz, dass ich einen solchen Jesus, einen solchen freien, liebenden Retter verkündigen darf, einen Retter, der so gern ein Heim finden möchte in jedem bescheidenen Herzen, das ihn aufnehmen will! Was wird das für ein glücklicher Tag für dich sein, wenn du ihn in deine Arme schließen darfst, damit er als der Trost Israels bei dir bleibt! Dann kannst du selbst dem Tod ins Auge schauen, denn du kannst mit Simeon sagen: »Nun, Herr, entlässt du deinen Knecht … denn meine Augen haben dein Heil gesehen« (Lk 2,29-30).

Mein Meister braucht Raum, und ich als sein Herold rufe laut: »Raum für den Retter! Raum! Hier ist mein königlicher Herr, habt ihr Raum für ihn? Hier ist der menschgewordene Sohn Gottes, habt ihr Raum für ihn? Hier ist derjenige, der Sünden vergeben kann, habt ihr Raum für ihn? Hier ist jener, der euch aus der Grube des Verderbens und aus dem Schlamm der Sünde erretten kann, habt ihr Raum für ihn? Hier ist derjenige, der nie wieder aus eurem Herzen weichen will, wenn er einmal bei euch eingekehrt ist. Er will eure Herzen mit himmlischer Freude füllen, habt ihr Raum für ihn? Er wünscht weiter nichts als Raum! Eure Leere, eure Nichtigkeit, euer Mangel an entsprechenden Gefühlen, an Unerschrockenheit und Gnade – sie sagen nichts gegen euch aus, sondern zeigen nur, dass ihr Jesus braucht.

Johannes sagt uns: »So viele ihn aber aufnahmen, denen gab er das Recht, Kinder Gottes zu werden, denen, die an seinen Namen glauben« (1,12). Und beim Gericht, von dem wir im Matthäusevangelium lesen, wird der Herr zu denen zu seiner Rechten sagen: »Ich war Fremdling, und ihr nahmt mich auf« (Mt 25,35). Ist es nicht sonderbar, dass »er … in der Welt [war] und die Welt … durch ihn [wurde]« (Joh 1,10) und dass er trotzdem ein Fremdling in der Welt war? Aber es ist eine Tatsache, denn als er geboren wurde, war kein Raum für ihn in der Herberge. Die Herbergen waren für jeden Fremdling geöffnet, aber nicht für ihn. Er war ein größerer Fremdling als sie alle. Es war das Bethlehem Davids, der Familiensitz seiner Vorfahren, aber er war seinen Brüdern entfremdet und den Söhnen seiner Mutter unbekannt geworden, und keine Tür öffnete sich ihm.

Es dauerte auch gar nicht lange, da bot ihm das kleine Bethlehem keine Sicherheit mehr. Herodes trachtete nach dem Leben des Kindes. Es folgte die Flucht nach Ägypten, wo Jesus ein Fremdling in einem fremden Land sein musste. Ja, es war mehr als ein fremdes Land, es war ein Exil, ein Verbannungsort. Und als der Herr zurückkehrte und später unter dem Volk erschien, da war auch kein Raum für ihn. Er kam zu den Angehörigen seines Volkes Israel, denen die Propheten sein Kommen geweissagt hatten, aber sie nahmen ihn nicht auf. Er war verachtet und von den Menschen verworfen. Er wurde von ihnen verabscheut, sodass sie riefen: »Weg mit diesem! … Kreuzige, kreuzige ihn!« (Lk 23,18.21). Juden und Heiden taten sich zusammen, um zu zeigen, wie fremd er unter ihnen war.

Es ist ein sehr großes Wunder, dass dieser himmlische Fremdling sich bereit erklärt, bei uns Einzug zu halten und bei uns zu bleiben. Solch ein Gast wie Jesus in solchen Leuten, wie wir sind! Der König der Herrlichkeit will im Herzen eines Sünders wohnen! Dies ist ein Wunder der Gnade, und doch ist seine Ausführung äußerst einfach. Ein demütiger, sich beugender Glaube öffnet die Tür, und Jesus zieht sofort ein. Die Liebe schließt die Tür mit der Buße zu, damit dem Bösen der Zutritt verwehrt bleibt, und heilige Wachsamkeit hält alle Eindringlinge fern. Dies ist die einfache Verwirklichung der Verheißung: »Wenn jemand meine Stimme hört und die Tür öffnet, zu dem werde ich hineingehen und das Abendbrot mit ihm essen, und er mit mir« (Offb 3,20). Gebet, Betrachtung des Wortes, Lob Gottes und täglicher Gehorsam halten das Haus für den Herrn in Ordnung. Daraus folgt die Heiligung unseres ganzen Menschseins: Der Leib wird zu einem Tempel des Heiligen Geistes, und Seele, Geist und alle Kräfte werden zu heiligen Gefäßen umgewandelt. Der Herr aber schreibt an unsere Stirn: »Heilig dem HERRN« (vgl. 2Mo 28,36). Unsere Mahlzeiten werden dann zu Liebesmählern, während unser Leben ein Gottesdienst wird und wir selbst Priester des Allerhöchsten werden. O welche Herablassung des in uns wohnenden Christus! Er wohnte niemals in einem Engel, aber er verschmäht es nicht, in zerschlagene Herzen einzuziehen und dort zu bleiben. Welch eine Bedeutungstiefe ist verborgen in dem Wort des Herrn: »… ich in ihnen« (Joh 17,23). Möchten wir die Bedeutung aus eigener Erfahrung kennen, wie Paulus sie auslegt: »Christus in euch, die Hoffnung der Herrlichkeit« (Kol 1,27)!

In dem Augenblick, in dem wir Christus durch den Glauben in unsere Herzen aufnehmen, sind wir »nicht mehr Fremdlinge und ohne Bürgerrecht, sondern … Mitbürger der Heiligen und Hausgenossen Gottes« (Eph 2,19). Der Herr nimmt uns an Kindes statt an. Das ist eine herrliche Tat der göttlichen Gnade, dass er uns, die wir »von Natur Kinder des Zorns« (Eph 2,3) waren, aufnimmt und uns zu »Erben Gottes und Miterben Christi« macht (Röm 8,17). Aber diese Ehre genießen alle Heiligen – alle, die an seinen Namen glauben.

Wohnt dann Christus in uns, nehmen wir jede Gelegenheit wahr, verlorene Söhne und Töchter in das Vaterhaus zurückzuführen. Unsere Liebe umschließt alle Menschen, und unsere Hand ist offen für jeden Notleidenden. Ist das der Fall, dann sind wir Gott ähnlich geworden, wie Kinder ihrem Vater ähnlich sehen. O herrliche Folge der Aufnahme Jesu durch den Glauben! »Wir alle aber, mit aufgedecktem Angesicht die Herrlichkeit des Herrn anschauend, werden verwandelt nach demselben Bild von Herrlichkeit zu Herrlichkeit, als durch den Herrn, den Geist« (2Kor 3,18).

»Die Liebe ist aus Gott; und jeder, der liebt, ist aus Gott geboren und erkennt Gott« (1Jo 4,7). Möchten wir täglich die Kraft in unseren Herzen spüren, wie sie unseren ganzen Charakter umformt und uns immer mehr prägt, sodass wir uns als Kinder Gottes erweisen. Wenn sich der Herr über einen von uns erkundigt: »Was ist der und der für ein Mensch?«, dann möge man stets die Antwort geben können: »Wie du bist, so ist er auch, er gleicht den anderen Kindern des Königs.«

Das Erste und das Zweite Kommen Christi

Die beiden großen Bindeglieder zwischen Himmel und Erde sind die beiden Erscheinungen Christi. Oder besser gesagt: Er selbst ist durch sein zweimaliges Kommen das große Band, das Himmel und Erde verbindet. Als die Welt sich gegen ihren Schöpfer aufgelehnt hatte, entstand eine große Kluft zwischen Gott und Menschen. Das Erste Kommen Christi war wie eine Brücke, die diesen Abgrund überspannte und einen Weg schuf von Gott zu den Menschen und dann zurück von den Menschen zu Gott. Die Zweite Erscheinung Christi wird diese Brücke noch viel stärker machen, sodass der Himmel zu uns auf die Erde kommen und sie ganz ausfüllen kann.

Hier wollen auch wir eine große Kettenbrücke bauen, die uns durch den Glauben von dieser zu der anderen Seite des rauen Flusses der Zeit bringt. Das Kreuz, an dessen Fuß wir stehen, ist der massive Untergrund, der den Bau auf dieser Seite hält, und wenn wir in die Zukunft schauen, zeigt sich uns das Zweite Kommen des Herrn als der feste Stützpunkt auf jener Seite. Durch den Glauben blicken wir zuerst auf Christus und schauen dann nach Christus aus, und das ist das Leben für unseren Geist. Christus am Fluchholz und Christus auf dem Thron der Herrlichkeit sind unser Dan und Beerscheba, und alles, was dazwischenliegt, ist heiliges Land. Durch das Erste Kommen Christi erhielten wir Frieden mit Gott. Das für uns dargebrachte Opfer nahm unsere Sünde weg und gab uns Leben und Heil. In dem Zweiten Kommen Christi liegt unsere Hoffnung und Freude, denn wir wissen, dass wir bei seiner Erscheinung »ihm gleich sein werden, denn wir werden ihn sehen, wie er ist« (1Jo 3,2). Die Herrlichkeit seines königlichen Priestertums wird sich in allen seinen Heiligen widerspiegeln, denn er hat »uns gemacht … zu einem Königtum, zu Priestern seinem Gott und Vater« (Offb 1,6), und wir werden mit ihm herrschen (20,6) und in Ewigkeit bei ihm sein.

Für sein Erstes Kommen schmücken wir ihn mit dem Kranz der Dankbarkeit und jubeln: »Gott mit uns«. Er ist geworden wie unsereiner. Wir sammeln uns mit dankbarer Zuversicht um die Krippe und sehen unseren Gott. Aber beim Gedanken an sein Zweites Kommen werden wir mit feierlichem Ernst, mit heiligem Schauer erfüllt. Wir sind nicht weniger dankbar, aber wir fühlen uns noch kleiner, wenn wir zu seinen Füßen niederfallen. Dann ist er die triumphierende Majestät! Jesus in seiner

Herrlichkeit ist ein überwältigender Anblick für einen sterblichen Menschen. Johannes, der Jünger, den Jesus lieb hatte, schreibt: »Als ich ihn sah, fiel ich zu seinen Füßen nieder wie tot« (Offb 1,17). In Gethsemane hätten wir seine Füße küssen können, bis er sich uns entzogen hätte, aber bei dem Anblick des wiederkehrenden Herrn, vor dem Himmel und Erde entfliehen, werden wir uns in tiefster Verehrung beugen. Sein Erstes Kommen hat uns ewiges Leben gegeben und mit dem heiligen Vertrauen erfüllt, das uns mutig macht, seiner glorreichen Wiederkunft freudig entgegenzusehen. Sie wird sein Mittlerwerk krönen.

Es gibt viele Unterschiede zwischen seinem Ersten und seinem Zweiten Kommen, aber der größte Unterschied wird sein, dass er bei seiner Wiederkunft ohne ein Opfer zur Versöhnung erscheinen wird. Ziel und Zweck seines Ersten Kommens war, die Sünde wegzutun und die uns entgegenstehende Handschrift zu tilgen (vgl. Kol 2,14). Die modernen Schwätzer sagen uns, dass sein Erstes Kommen den Zweck hatte, uns die Güte und Liebe Gottes kundzutun. Das ist ja wahr, aber es ist nur der Saum des Gewandes der Wahrheit. Die Hauptsache dabei war doch, dass er Gottes Liebe offenbarte in der Darbringung des einen Opfers, das unsere Sünde tilgen sollte. Ferner sagen sie, er sei gekommen, um uns vollkommenes Menschsein darzustellen und uns zu zeigen, was unsere Natur eigentlich sein sollte. Darin liegt wieder etwas Wahrheit, aber es ist nur ein kleiner Teil der heiligen Bestimmung Christi auf Erden. Er erschien, sagen sie, um Selbstaufopferung zu zeigen und uns ein Beispiel zu geben, wie wir andere lieben sollten; durch seine Selbstverleugnung trat er die Selbstsucht der Menschen in den Staub. Das leugnen wir alles nicht, und dennoch sind wir darüber empört, dass man das Kleinere auf Kosten des Großen zu sehr erhebt. Wer die untergeordneten Ziele des Ersten Kommens Christi an die erste Stelle rückt, verwandelt Gottes Wahrheit in die Lüge. Man kann die Wahrheit leicht verdrehen, man braucht nur einen Teil allzu stark zu betonen und den anderen zu unterdrücken. Das ist so, als wollte man ein schönes Angesicht zeichnen und doch das Ebenmaß außer Acht lassen. Dann hat man schnell eine Karikatur fertig. Wer aber einen richtigen Einblick in die Dinge haben will, muss auf das Ebenmaß achten. Bei dem Ersten Kommen Christi aber bestand die Hauptsache darin, »durch sein eigenes Opfer die Sünde aufzuheben« (Hebr 9,26[5]).

5 Anmerkung des Herausgebers: Vgl. Luther 1984 (so auch im Folgenden).

Die große Aufgabe Jesu bei seinem Ersten Kommen war nicht, zu leben, sondern zu sterben. Er hatte nicht so sehr die Aufgabe, die Sünde durch seine Lehre in die Schranken zu weisen, auch sollte er nicht in erster Linie »Gutes tun« oder uns ein vollkommenes Vorbild geben, sondern vielmehr »durch sein eigenes Opfer die Sünde aufheben«. Das, was die modernen Irrlehrer in den Hintergrund drängen möchten, stellt er gerade obenan. Er kam, um unsere Sünden wegzutragen, wie der Sündenbock in bildlicher Weise die Übertretungen des Volkes Israel in die Wüste trug, damit das Volk rein vor Gott erscheinen konnte (3Mo 16). Lasst uns nicht an Jesus denken, ohne den Zweck seines Kommens im Auge zu behalten. Ich bitte euch, gebt nicht vor, etwas zu wissen, wenn ihr nichts von dem Kreuz wissen wollt.

Wir predigen Christus. Das tun viele andere auch. Aber wir predigen Christus, *den Gekreuzigten*, und das tun viele nicht. Wir predigen Christi Kreuz, Christi Blut und Christi Tod, und auf das Blut legen wir ganz besonderen Nachdruck, es ist das »kostbare Blut Christi, als eines Lammes ohne Fehl und ohne Flecken« (1Petr 1,19). »Christus Jesus [ist] in die Welt gekommen ... um Sünder zu erretten« (1Tim 1,15), indem er ihre Sünden durch sein eigenes Opfer tilgte. Wir wollen uns hüten, seine Hauptaufgabe zu leugnen oder zu verbergen oder zu verschleiern, damit wir nicht als Verächter seines heiligen Opferblutes dastehen.

Das Tilgen der Sünde ist in der Tat ein gotteswürdiges Ziel. Und es ist für uns eine Quelle der Hoffnung, weil Jesus unter uns erschien. Wenn jemand eine »größere Hoffnung« hat, dann kann ich nur sagen: »Hoffe, was du willst, aber bedenke, dass eine Hoffnung, die nicht auf dem Grund der Wahrheit steht, wie ein Anker ist, der keinen Halt hat. Wünsche, was du willst, aber Wünsche, die nicht auf dem Fundament der Verheißungen Gottes ruhen, sind leere Einbildungen.« Warum wünschst du denn einen anderen Weg des Heils? Wenn Gott so hoch von seinem Sohn denkt, dass er ihn zum Opfer für die Sünde gibt, warum willst du dann einen anderen Weg haben, der dich zum Leben führt? Das ist ein großes Unrecht in Gottes Augen.

Verwirfst du das eine Opfer Christi, dann gibt es keine Hoffnung mehr. Und mit Recht. Der Plan unseres Herrn, wie er die Sünde tilgen wollte, war so gerecht gegenüber Gott, so ehrenhaft für das Gesetz und so sicher für dich, dass dein Blut auf dein eigenes Haupt kommen muss, wenn du ihn verwirfst. Durch das einmalige Opfer seiner selbst hat unser Retter das vollbracht, was Myriaden von Jahren der Buße und Leiden unsererseits nicht hätten zustande bringen können. Gelobt sei der Name des Herrn! Die Sünde der Welt, die Gott abhielt, sich als der liebende Vater wieder den Menschen zuzuwenden, ist durch den Tod unseres Herrn getilgt worden. Johannes der Täufer sagte: »Siehe, das Lamm Gottes, das die Sünde der Welt wegnimmt« (Joh 1,29). Weil Jesus starb, war Gott imstande, sich auf diese Weise wieder der sündigen Welt zuzuwenden.

Wie preist meine Seele den Herrn, dass die Sünden seiner Erwählten auf das Lamm gelegt wurden! Es hat »unsere Sünden an seinem Leib auf dem Holz getragen« (1Petr 2,24) und sie damit ein für alle Mal abgetan. Das Tilgen meiner Schuld ist wirklich, tatsächlich und ewig gültig durch den Tod meines großen Stellvertreters am Kreuz zustande gekommen. Dies ist der Grund unseres festen Trostes und unserer einzigen Hoffnung durch die Gnade. Jesus tat es, er tat es allein, und er tat es vollständig. Es schien nicht nur so, als hätte er es getan, sondern er hat in Wirklichkeit alles vollbracht. »[Er] hat die uns entgegenstehende Handschrift in Satzungen, die gegen uns war … aus der Mitte weggenommen, indem er sie an das Kreuz nagelte« (Kol 2,14). Er gebot der Übertretung Einhalt, er machte der Sünde ein Ende und erwarb uns eine ewige Gerechtigkeit, als er einmal für uns alle am Kreuz starb.

Es ist völlig nutzlos, darüber nachzugrübeln, ob Gott die Sünde auf andere Weise hätte wegnehmen können als durch den hohen Preis, den es ihn gekostet hat. Wenn es möglich gewesen wäre, dass die Sünde auf eine andere Weise als durch Jesu Tod hätte beseitigt werden können, so wäre Jesus sicherlich nicht gestorben. Sein Vater würde nie die Todesstrafe über ihn verhängt haben, wenn es auf irgendeine Weise möglich gewesen wäre, dass dieser Kelch an ihm vorüberging. Er hätte es nie über sich gebracht, einen unnötigen Schmerz über seinen geliebten Sohn kommen zu lassen. Christi Tod war nötig. Aber, gelobt sei Gott, nachdem er einmal erfolgt war, wird er nie wieder gefordert werden.

Nun lasst uns noch ein wenig bei Christi Wiederkunft verweilen. Sie wird einen ganz anderen Charakter haben als sein Erstes Kommen. Die Wiederkunft wird nicht an einem stillen Ort stattfinden, wo ihn zwei oder drei aufsuchen werden. Vielmehr wird er allen erscheinen; man wird ihn sehen können, wie man einen Blitz am Himmel sehen kann. Bei seiner Ersten Erscheinung konnte er natürlich auch gesehen werden. Wo immer er sich befand, man konnte ihn sehen und betasten. Ebenso wirklich wird er auch bei seiner Wiederkunft zu sehen sein. Aber dann werden ihn viel mehr Leute sehen können als bei seinem Ersten Kommen. Johannes sagt: »Jedes Auge wird ihn sehen« (Offb 1,7). Als er das erste Mal kam, konnte ihn nicht jedes Auge sehen, aber bei seiner Wiederkunft werden ihn alle Völker der Erde erblicken. Die Toten – die Gerechten und die Verdammten – werden auferstehen und ihn sehen, und denjenigen, die bei seiner Wiederkunft leben werden, wird sich ein wunderbarer Anblick darbieten. Wenn dann auch die Gottlosen schreien werden »zu den Bergen … Fallt auf uns!, und zu den Hügeln: Bedeckt uns!« (Lk 23,30), so wird ihr Schreien vergeblich sein, denn dann ist die Zeit gekommen, wo sie vor seinem Gerichtsthron erscheinen müssen.

Bei seiner Wiederkunft wird Christus kein Sündopfer mit sich bringen, denn er ist »einmal geopfert worden … um vieler Sünden zu tragen«, doch »zum zweiten Male [wird er] ohne Beziehung zur Sünde denen zum Heil erscheinen, die ihn erwarten« (Hebr 9,28; RELB). Dann wird er seine Gemeinde verherrlicht darstellen, »die nicht Flecken oder Runzel oder etwas dergleichen habe, sondern … [die] heilig und untadelig sei« (Eph 5,27). Der Tag seiner Wiederkunft wird die Offenbarung eines vollkommenen Hauptes und eines vollkommenen Leibes sein. »Dann werden die Gerechten leuchten wie die Sonne in dem Reich ihres Vaters« (Mt 13,43). Wie er ohne Sünde ist, werden sie es dann ebenfalls sein. Welch herrlicher Anblick wird das sein!

Erwarten wir nun wirklich unseren Herrn, dann sollen wir auch in jeder Beziehung für seine Wiederkunft bereit sein. Ich sehe manchmal die großen Flügeltüren der herrschaftlichen Häuser weit offen. Das ist nicht immer der Fall; wenn aber doch, dann weiß man: Der Herr des Hauses wird erwartet. So lasst uns die Tore unseres Herzens weit offen halten für unseren wiederkehrenden Herrn. Es ist töricht, wenn wir viel von seiner Wiederkunft reden und doch nie unser Haus in Ordnung bringen und uns nie selbst bereit machen. Auf ihn warten heißt doch, dass wir eine wartende Stellung einnehmen wie ein Diener, der seinen Herrn vor der Tür weiß.

Sage nicht: »Der Herr kommt noch lange nicht, daher will ich ruhig meine Pläne für die nächsten zwanzig oder dreißig Jahre machen.« Es kann sein, dass du in den nächsten zwanzig oder dreißig Minuten nicht mehr atmest. Und wenn doch, ist es möglich, dass der Herr dann schon wiedergekommen ist. Er ist bereits auf dem Weg und sandte seinen Herold vor sich her, der rufen musste: »Ich komme bald!« (Offb 3,11). Der Zeitpunkt seiner Wiederkunft ist schon ein gutes Stück näher gerückt, und bald wird er kommen. Wenn du wirklich auf sein Erscheinen wartest, wirst du dann wachend und betend sein, sodass du dem Herrn mit Freuden begegnen kannst. Wartest du auf ihn?

Ich fürchte, dass ich die Wahrheit sage, wenn ich behaupte, dass nur sehr wenige Christen im wahren Sinne des Wortes auf ihn *warten*. Und was das *Wachen* betrifft, so ist es noch seltener als das Warten. Es ist eine Tatsache, dass selbst viele ernsthafte Gläubige, die auf Christi Wiederkunft warten, den zehn Jungfrauen gleichen, die nicht wachten, sondern alle einschliefen. Das ist sehr traurig! Wir sollten jeden Morgen auf den Wachtturm steigen und nach Osten schauen, ob Jesus kommt, und unsere letzte Handlung vor dem Schlafengehen sollte ein fragender Blick nach seinem Stern sein: »Kommt er?« Unsere Sehnsucht nach dem Kommen des Herrn sollte täglich größer werden!

Viele Christen scheinen überhaupt vergessen zu haben, dass Christus wiederkommen wird. Andere lächeln, wenn wir davon sprechen, als wollten sie sagen: »Gehörst auch du zu den Träumern?« Aber du, lieber Leser, gehöre nicht zu ihnen. So real, wie du an das Erste Kommen Christi und das große Opfer glaubst, so glaube ebenso fest an sein Zweites Kommen, bei dem er ohne Beziehung zur Sünde und zur Vollendung unseres Heils erscheinen wird. Wir stehen zwischen der Wolke, die ihn vor den Augen seiner Jünger aufnahm, und der großen Wolke von Zeugen, die ihn bei seiner Wiederkunft begleiten wird. Lasst uns als Menschen leben, die nicht von dieser Welt sind, als Fremdlinge in einem Zeitalter, das zwischen zwei herrlichen Erscheinungen liegt, als glückliche Geschöpfe, die durch ein anerkanntermaßen großes Geheimnis gerettet sind und bald verherrlicht werden sollen durch ein anderes Geheimnis, das seiner Erfüllung entgegeneilt. Lasst uns daher wie die Frau, die in der Offenbarung (12,1) erwähnt wird, den Mond unter unseren Füßen haben und allen untergeordneten Dingen den Platz anweisen, der ihnen gebührt. Möge der Herr uns allen vergönnen, dass wir bei seiner Erscheinung mit ihm in die Herrlichkeit entrückt werden! Amen.